船井幸雄の「成功塾」

仕事と人生がうまくいく
わずか6つの成功原則

船井幸雄

ダイヤモンド社

日々是好日

夢と希望と
前向きな具体的な目標をもって
その実現を確信しイメージ化すると、
たいていのことは成功します。

できるだけありありと
具体的に思い描くようにします。
しかし、正しくないことや
必要以上のことは
望まないようにしましょう。

一人ひとりの努力と成功が、
素晴らしい未来の扉を
開くことになります。

まえがき

私は長年、経営コンサルタントを業としてきました。一九七〇年には経営コンサルタント会社をつくり、社長になりました。その会社は㈱船井総合研究所といいますが、大きくなりました。

創業以来、二〇〇三年三月二八日まで、船井総研の代表取締役を務めていました。素晴らしい後継者ができ、二〇〇三年一月に七〇歳になりました。船井総研は業績もいいし、財務も安定したので、三月二八日の第三四回定時株主総会をもって代表取締役を退任、同日づけで名誉会長に就任しました。

世の中では私のことを「船井流経営法」という経営手法を確立した人間であるとか、「経営指導の神様」などと言ってくれているようですが、私自身はいたって気楽な庶民だと思っています。

気楽に引退する予定だったのですが、現実は、かえって忙しくなりました。たとえば、二〇〇三年一年間で行った講演回数は二百数十回にもなりますし、著書は二〇〇三年中に共著を入れて一二冊発刊されました。いまも、コンサルティングの依頼がどんどんきます。

それだけでなく、船井総研や私の直接関係している会社（船井メディア、本物研究所、船井コミュニケーションズなど）と関係のない人々からも、平均して一日に約三〇〇くらい、Eメールやファックス、手紙などでいろいろな相談や質問が飛び込んできます。

物理的に一人ひとりにお答えするのは無理なので、それらについてはウェブ上の「船井幸雄ドット・コム（http://www.funaiyukio.com/）」や月刊誌『Funai＊Media』、そしてCD・カセット情報『Just』や著書などで対応してきました。そのため著書が昨年中に一二冊も出ましたし、二〇〇四年も一月に一冊、二月に二冊、三月にも一～二冊は出そうです。

最近、とくに多い質問というか要望が、「船井流経営法の実践的エキスをわかりやすく本にして欲しい」ということです。これに対応して書き始めたのが本書なのです。

私は、経営コンサルタントとして、ここ三十数年、一万件くらい担当してきましたが、一件も失敗していないといっていいくらいです。私のアドバイスは、いい結果を生んでいます。しかし、それ以前はよく失敗しました。また、船井総研の経営者というか、船井総研グループのトップとしては、多くの失敗をしてきました。

いまでは、それらの理由もわかりますし、具体的に話せることもかなりあります。
ですから、本書の題名を『船井幸雄の「成功塾」』とし、エキスだけを取り上げ、わかりやすくまとめたいと思っています。これは、ビジネスだけでなく、人生にも応用できる成功術です。

経営コンサルタントは職業がら守秘義務がありますので、実例をそのまま話すことはできませんが、できるだけわかりやすく上手に書きたいと思っています。

なお、いまの私は経営については理屈抜きでプロになったようです。相談を受けただけで、たいていどうすればいいかがわかります。それらの答えも、できるだけ体系的、論理的に本書内に書きたいと思っています。

あと一つ知って欲しいのは、これは友人から言われて気がついたのですが、私の予測は、マクロにはよく当たってきたもようです。一九八五年頃の著書で予測したこと、一九九五年頃に予測したことなど、ほとんど的中しています。

一九八五年頃には、次のように言っていました。

①　二〇二〇年までに、資本主義は変革せざるをえないだろう。
②　これから天災、人災が増えるだろう（一九六〇年代に比べて、一九九〇年代は地震が約四倍、自然災害は四・一倍になりました）。
③　世の中を変えるようなびっくりすることが一九九〇年以降続出するだろう（ソ連の消滅、日本のバブルとその崩壊、ゼロ金利、米同時多発テロなど、すべてびっくりすることばかり起きました）。

また、一九九五年頃には次のように言っていました。

①　日本は時代の最先端を進んでいる。本物技術が日本から続出し、いい未来づくりの基礎となるだろう。
②　これから先進国では、一度景気が悪くなると、なかなか回復しないだろう。
③　二一世紀に入ると、アメリカは急速に没落を始めるだろう。

いま、私は次のように言っています。これは数多くの最近の拙著を見てください。

①資本主義はいよいよ断末魔。超資本主義の時代が近未来に到来しそうだ。
②いい未来をつくる決め手は、日本人と、日本人が開発する本物技術のようだ。
③「地球の理」は急速に「宇宙の理」に吸収されるだろう。

本書内では、これらの予測を参考にしながらペンを進めたいと考えています。

本書とともに、私の近著『イヤシロチ』（二〇〇四年二月、評言社刊）をご一読いただければ、私の言いたいことがよりよくおわかりいただけると思います。

本書は、私が熱海の山中に転居して原稿を書く最初の本になります。いまのところ、空気と水のいい熱海に移ってきてよかったと思っております。

いい本を書きたいと思いつつ、この辺でまえがきのペンを措きます。

二〇〇四年二月二一日

熱海市西山町の自宅書斎で　船井幸雄

船井幸雄の「成功塾」❖目次

プロローグ　絶対成功原則へのアプローチ

成功の第一原則

自分のいまの仕事を天職と信じよう！

成功の第二原則

人に応援してもらうようにしよう！

成功の第三原則
「宇宙の理」に従う生き方をしよう！

成功の第四原則 勉強好きになりプラス発想しよう！

成功の第五原則
失敗も感謝して成功の糧にしよう！

成功の絶対原則

成功を確信し、イメージ化しよう！

プロローグ

絶対成功原則への
アプローチ

権威（信用）がなければ、ビジネスの世界での成功は考えられないといっていい。

経営コンサルタント業四十数年、経営者業三十数年という私の経験からいいますと、ビジネスは、経営体のトップが「夢」と「希望」と「前向きな具体的目標」をもって、その実現を「確信」して「イメージ化」できると、成功するものです。

このポイントは、確信とイメージ化にあります。夢と希望と前向きな具体的目標は、熱意のあるビジネスマンや経営者であれば誰もがもっています。しかし、成功を確信し、それをイメージ化することがなかなかできていないようです。

トップ以下、できるだけ多くの人に成功を確信させ、イメージ化させることができれば、ビジネスのコンサルティングは間違いなくうまくいきます。この確信とイメージ化の方法論については、本書の最後の「成功の絶対原則」で詳しく説明することにします。

私は、自分自身の体験のなかで成功の法則をルール化しました。これは「船井流経営法」といわれています。その究極の方法論をまとめたのが［成功の絶対原則］ですが、そこに至るアプローチの方法について、本書では［成功の第一原則］から解説していこうと思います。

各論に入る前に「プロローグ」を設けたのは、その前提として、「権威（信用）」と「人脈」と「儲かる仕組み」をつくっておかなければ成功は難しいということを述べておきたかったからです。

これが、私が五〇年近くかかって体系を築きあげた「船井流経営法」の神髄で、これさえ完璧にできれば、どんなビジネスでも九十数パーセント以上の確率でうまくいきます。

それでは、ビジネス成功の第一の条件、権威（信用）についてお話ししましょう。

私は二〇〇三年の三月二八日に船井総合研究所の名誉会長に就任し、その直後の四月一日には、長年にわたって研究を重ねてきた「本物」といいますか、「本物商品」や「本物技術」を世に出すために、㈱本物研究所を設立しました。

しかし、本物研究所というだけでは、知名度も権威もありません。私はこれまで、ライフワークとして本物の研究を続けてきました。このことについては多くの方々に支持していただいています。ある意味で、「船井幸雄」という名前つきの「本物」は、権威のあるブランドになっているといっていいと思います。

ですから本物研究所では、社員は電話をとったら「船井幸雄グループの本物研究所です」と言うようになりました。長くて言いづらいのですが、こう言わないと相手が付き合ってくれないというのです。名刺にも、いつのまにか「船井幸雄グループ」と印刷するようになりました。

本物研究所という名前だけでは、いまのところ、とても商売として成り立たないのです。船井幸雄グループの企業といってもいいくらい私が応援してきた会社に、サーフセラという会社がありますが、ここはまだまだ軌道に乗ったとはいえない状態です。

扱っている商品「サーフセラ」はまさに本物で、ホッキ貝を焼いて粉にした天然素材一〇〇パーセントの除菌洗浄剤です。さまざまな貝のなかでもホッキ貝からつくったものはとくに抗菌効果が強く、これを家庭用の除菌剤「安心やさい」、業務用除菌剤「サーフセラCAO」、家庭用入浴促進器「スパスリム」などとして商品化しています。

安心やさいを水に溶いて食材を浸すと、ポストハーベストの農薬をはじめとする有害物質がぶくぶく浮き上がってきます。また、除菌効果も折り紙つきです。スーパーなどでは除菌に次亜塩素酸を使っていることが多いようですが、これには、いくつか問題点があります。しかしサーフセラを使うと、有害物質である塩素の心配などはまったくしなくてすみます。おかげで、マスメディアでもよく取り上げられます。

このようにサーフセラは、素晴らしい本物商品です。しかしサーフセラという会社は、社名からは私が関与している会社であることがわかりませんし、私は出資はしていますが役員にもなっていないので、なかなか権威が確立しません。まだ苦戦しています。

これに気がついて、先のように本物研究所については全面的に船井幸雄グループであることを押し出すことにしました。これが功を奏して、本物研究所は、設立初年度から黒字を出すことが確実です。

権威（信用）を確立しなければ、ビジネスの世界での成功は非常に難しいといっていいほどなのです。そのためには、コツコツ実績を積み上げて信用を獲得したり、誰か権威のある人に実力を認めて推薦してもらうなどしてもらわなければなりません。

その前提として、トップや幹部が本書の「成功の絶対原則」で述べる「人財」になることが絶対に必要になるのです。

顔を知っているだけでは意味がない。特別化した人脈こそ、ビジネス成功の必須条件。

そして、ビジネスを成功させる第二の条件が「人脈」です。

人脈といっても、ただ顔を知っているだけでは役に立ちません。活用できないと意味がないのです。

一時期、異業種交流会などで盛んに名刺交換することが流行しましたが、このような人間関係は、とても人脈としてビジネスの世界で評価できるようなものではありません。

ビジネスに役立つ本当の意味での人脈は、「特別化」した人脈ということになります。一般の人に対する対応ではなくて、特別な対応をしてくれる関係の人脈ということです。

これについては、私の体験からお話ししましょう。

船井総研の前身の日本マーケティングセンターを一九七〇年に設立してから、一九八五年三月に船井総合研究所に名称変更して株式を公開しようと決意するまで一五年ほど、私はほとんど一人で自社の仕事の注文をとっていました。しかし、社長しか受注ができないのでは会社が発展しないので、「船井幸雄が受注をしないでも好業績を維持できるのがわかること」が株式上場の条件となりました。

創業者が死んでしまったら継続できないような事業は認められないというわけです。そしてもう一つの条件が、不動産をもつことでした。そこで一九八五年頃、芝公園の近くのビルを買いました。いま私のオフィスのあるビルです。それとともに受注活動もストップしました。

私が受注をやめてから二〜三年は、売上げが横ばいとなり、利益がだんだん減っていきました。当時、社員は二〇〇人くらいいましたが、社員が自分で仕事をとらなければならなくなって収入が減り、辞める者も出てきました。

それでも四年くらいしてなんとか業績が上向いてきたので、証券取引所に上場の申請をしました。一九八八年のことです。

審査は、まず主幹事証券会社である野村證券の審査部長が行います。彼がＯＫと言わなければ、上場できません。

その審査部長が、「これから一週間ほどのあいだに、先生の人脈でもなんでもいいから、仕事を受注してみせてくれませんか」と言うのです。

そうしているところに、親しくしていた京都大学の同窓の友人で、当時、西日本鉄道の副社長をしていた橋本尚行さんがやってきました。

私が、「いいところにきてくれましたね。何か私の会社にくれる仕事はありませんか」と聞いたら、「そういうことだったら、いまとても困っている福岡駅の上のショッピングセンターの仕事があるよ」と言ってくれました。

「じゃ、その仕事を引き受けさせてください」「わかった」というわけで、二億八〇〇〇万円ほどの受注がその場で決まりました。これで上場審査は、見事にパスすることになりました。

しかし、この仕事は儲かりませんでした。

西鉄福岡駅の上の「ソラリア」というショッピングセンターのコンサルティングで、船井総研の社内は手いっぱいだったので私がコーディネートしましたが、アウトソーシングしたので利益はゼロでした。しかし当時、年商二十数億円の会社の売上げの約一〇パーセント強が、橋本さんとの人脈でもらえたのです。ありがたいことでした。

それだけでなく、船井総研は、経営コンサルタント会社としては、世界ではじめての株式上場会社になれたのです。

仕事をとるのは、信用と人脈さえあれば、実はとても簡単なことなのです。西鉄の橋本さんとは信頼関係がありましたから、船井に仕事を頼めばきちんとやってくれるだろうと、信じて仕事を任せてくれたのです。これが、特別化した本物の人脈です。

顔を知っているだけの関係ではこうはいきません。

また、大学の先輩後輩の関係でも、私がコンサルティングで実績をあげていることを彼が知らなければ、いきなり二億八〇〇〇万円もの仕事を任せるわけにはいきません。

このとき、彼に私のことを強く推してくれた人がいました。京大農学部の同窓で、私の親友といってもいい、当時そごうの副社長をしていた山田恭一さんです。信用と人脈によって、まさに特別化した関係ができていましたから、仕事の受注につながったのです。これが本当の意味での人脈なのです。

相手がして欲しいと思うことを誠心誠意してあげたら、本物の人脈ができる。

特別化した本物の人脈をつくるためには、相手がして欲しいと思うことをしてあげたらいいのです。

これは特別難しいことではありません。簡単なことです。

二〇〇三年末、私の家には前の年の倍くらいものお歳暮が届きました。あまりたくさんいただいて困惑したのですが、三月に船井総研の名誉会長になってからも船井総研の仕事は減らず、本物研究所や船井メディアの仕事が加わり、とても忙しい一年を過ごすなかで、頼まれ事の世話を丁寧にしたからではないかと思います。

「七〇歳を過ぎたら、そして船井総研の代表者を辞めたら、ともかく人様にできるだけ親切にしよう」と決めていたことを実行した結果のようです。

相手のために誠心誠意してさしあげたら、必ず素晴らしい本物の人脈ができます。

この世の仕組みの基本は三つしかありません。一つ目が「愛」、二つ目が「調和」、三つ目が「進歩」です。

絶対に愛をもって生きるべきだと思います。調和を崩してはいけません。そして、進歩し続けなければなりません。この三つが、人が生きるための正しい方向です。

ですから、絶えず愛を忘れないで人に対応すること。調和を崩すとどこからか足を引っ張られたり潰れてしまうので、調和を保つようにすること。進歩しない人に人はついてきませんから、常に進歩するよう努力し続けること。くせになるまで、この三つを絶えず意識するようにすればいいでしょう。

松下幸之助さんは、社員が事業のアイデアをもっていくと、まず最初に「それをやると儲かるか」と聞いたそうです。

「儲かります」と答えると次に、「それをやる人、あるいはその周辺の人たちが活き活きするか」と聞きます。

これに「活き活きします」と答えたら、「それをやって世のため、人のためになるのか」と聞いたそうです。

この三つが全部大丈夫だったらやりなさい、一つでも駄目だったらやめなさい、というのが松下さんの考え方だったようです。これは、すなわち調和を考えてのことだったと思います。

これがきちんとできていて、人様がして欲しいことに対して誠心誠意応えていると、特別化した人脈ができていきます。

当然ですが、船井総研には私と同じくらいの人脈をもつ者は、まだ育っていません。しかし、それなりの人脈で仕事ができる者が多く出てきていますので、今後の成長を楽しみにしています。

絶対のノウハウとオンリーワンで「儲かる仕組み」をつくる。

ビジネスを成功させる第三の条件は、「儲かる仕組み」をつくることです。儲かる仕組みは、具体的には「主導権」をもつことができて、「客志向」のシステムがあれば簡単にできます。さらに、それを実現する素晴らしいトップがいて、「人財」がそろっていて、組織が共通の意識で「一体化」できれば、ビジネスの世界での成功は約束されるといっていいでしょう。

人財とは、人間性が高く、常にプラス発想ができ、一生懸命勉強し、リーダーシップ能力があり、さらに世の中をいい方向へ変えていく人のことです。この人財については、本書の最後の「成功の絶対原則」で詳しく説明しますので、参考にしてください。

二〇〇三年の年末、船井総研は日本一のボーナスを出しました。これは、日経産業新聞に報道されたので、多くの人が知っています。一人平均一四九万円、四月に入った新入社員は一律三八万円です。四月以降に入社した人には三八万円を月割りにして出しました。

このような新入社員を含めての平均一四九万円ですから、業績のいい人はかなりの額になりました。

コンサルティングで一・五億円ぐらい売り上げるトップコンサルタントは、給与とボーナス合わせて三〇〇〇万円強の年収があるはずです。彼には自分の売上げの二五パーセント弱くらいしかリターンがないことになりますが、いろんなことから考えて満足してくれています。売上げの少ない人のなかには、五〇パーセントのリターンを得ている人もいます。

船井総研は、売上げの四〇パーセント以下に賃金を抑えれば儲かる仕組みになっています。こんなに効率がいいのは、きちんと儲かる仕組みができているからです。

しかし、二〇〇三年四月から私が会長として直接経営をみるようになった本物研究所や船井メディアという会社は、まだ十分に儲かる仕組みが確立されていません。ですから、当然、そんなに儲かっていません。

しかし、今後四~五年かけて、これらの会社にも船井総研並みに儲かる仕組みをしっかりつくろうと思っています。

儲かる仕組みとは、「主導権をもてるシステム」と「客志向のシステム」をつくることなのです。

まず、主導権をもてるようにする方法について話しましょう。

この主導権というのは、言葉は悪いのですが、お客さんに対する主導権と考えてもらっていいでしょう。たとえば、医師はふつう、患者さんというお客に対して主導権をもっています。

注文をもらいにいくようでは駄目なのです。「お願いします」と言われた仕事しか、受けないようになるのが理想です。船井総研では、「お願いします」と頼みにこられたなかでも、こちらの条件に合わないところとは付き合わないようにしています。

けっして威張っているのではありません。経営者が「素直・勉強好き・プラス発想型」でないと業績が上向かないので、そのようにお願いするのです。

一般に、お客さんに対して主導権を握って仕事ができる企業は限られています。

たとえば、メーカーや問屋は、小売店に振り回されます。相手の条件で納品させられ、支払いも相手のペースです。これでは、まず儲かりません。

これに対していまの船井総研は、最初の契約のときに、この条件でなければお引き受けできませんと、はっきり言えるようになりました。よい人財とノウハウがあるからです。

このような有利な仕組みのためには、絶対のノウハウ、もしくは特別な商品が必要になります。これこそ、ある意味で「本物」といっていいでしょう。

さらに、オンリーワン、もしくは業界で飛び抜けて一番であることも、強い主導権を握るための条件といっていいでしょう。オンリーワンであることは無理だとしても、絶対的に一番であれば、主導権はもつことができます。

絶対のノウハウ、特別な商品があったり、オンリーワンもしくは絶対的に一番であれば、そこに頼るのがお客にとってメリットになるからです。

こういうものがなければ、主導権はもちづらくなります。

たとえば、船井総研のコンサルティングの信用は、いまのところかなり大きいようです。私がこの業界に入ってから積み重ねてきた「長所伸展法」というオンリーワン、しかもすぐ業績が向上する「即時業績向上法」のノウハウの実績のうえに、この業界で世界ではじめて上場した企業という信用などがあるからでしょう。ありがたいことです。

「包み込み理論」を使って客志向のシステムでお客に対する主導権を握る。

主導権を握る方法はもう一つあります。それが、飛び抜けて絶対的といっていい「客志向」のシステムです。この仕組みがあると、企業は儲かります。公的企業の大半が赤字なのは、客志向をおろそかにしているからでしょう。

私は実際に船井総研で、これこそ決め手だという客志向の仕組みを五つ六つ、つくりました。

客志向というのは、具体的には、お客がして欲しいと思うようなことをやってあげることです。

船井総研で私は、小売業のコンサルティングを本当に数えきれないほどやってきましたが、そのなかで一番当たったのは、「一番店理論」による店づくりのノウハウです。具体的には、たとえばそごうの横浜、神戸、千葉、広島、徳島などの店舗づくりです。

これらの店は、その地域の圧倒的な一番店です。二番店の一・五倍くらいの広さがあります。

このどこが客志向かというと、二番店にある商品が全部あって、さらに扱っていない商品も店頭に並べられるということなのです。圧倒的な一番店ですから、そこへ行くと、お客が欲しいと思うものは全部買うことができます。

昭和四〇年代、そごうは大阪の心斎橋の地下鉄駅の真上にあったのですが、そのすぐ北側に大丸がありました。そごうのほうが立地がいいのに、どうしても大丸に売上げや利益で勝てないのです。

売場面積はそごうが三万平方メートルで、大丸が三万三〇〇〇平方メートルくらいでした。たった一割の違いです。しかし店頭での売上げは、そごうを二とすると大丸は五くらいありましたから、二・五倍も違います。そごうは外商にも力を入れていましたが、外商の売上げをプラスしても大丸の店売りにとても追いつきませんでした。

大丸の社員は一日に一回か二回、必ずそごうの様子を偵察にきていました。そごうで売れている商品があると、すぐに同じような商品が大丸の店頭に並びます。

その結果、そごうにあるものは大丸に全部あることになります。そして、大丸にはそごうにないものも置いてあります。これでは、どうしようもありません。

これが、私のつくった「一番店理論」、そして「包み込み理論」の原点です。大丸に教えてもらったようなものです。

そごうへのアドバイスは、これをとりあえず千葉でやってみようということで、当時、千葉で一番大きかった奈良屋の一・五倍の店をつくって、そこに奈良屋にあった商品を全部置きました。奈良屋にない商品も置きました。

思った通り、簡単に勝つことができました。よほどのファンか固定客以外は、そごうに買いにくるようになったのです。あっという間の勝負でした。

百貨店のお客は固定化していませんから、商品をあちこちからかき集めてきて置きさえすればいいのです。奈良屋にそごうに置いていない商品があったら、すぐに仕入れるようにしました。

この奈良屋は、いまでは千葉三越になっています。

この千葉店を皮切りに、そごうは広島、徳島、横浜と、飛び抜けて大きな店をつくっていきました。みんな好業績でした。

これが、客志向の勝利ということです。お客は、品揃えがもっともよくて、そこへ行けばなんでもそろうというのが大好きなのです。これが、儲かる仕組みの一つの方法論です。最近のそごうは西武百貨店グループに入り、私からいうと変な店になりましたが、そごうの一番店戦略は、最高の客志向の商法でした。小売店については、これからも一番店戦略が決め手となるでしょう。

私は、そごうと三〇年以上も付き合っていました。そごうは二〇〇〇年の七月に経営破綻しましたが、そごうの一番店戦略や営業戦略が間違っていたからではありません。オーナーだった水島廣雄さんの人脈戦略と時流の読み違いが、間違いなく世界一になれたであろう百貨店を潰してしまったといえます。

この方法論で、銀座松屋も活性化の手伝いをしました。

イトーヨーカ堂の津田沼店をつくったときには、長崎屋とダイエーを包み込んでしまいました。この店は、いまだに超繁盛店です。

この仕組みは、さまざまな業種に応用できます。たとえば出版社だったら、ライバル会社でよく売る本を出す売れっ子の著者をできるだけ口説いて、彼らにいい条件を出して真剣に書いてもらえばいいのです。そんなに難しいことではありません。

客志向で「儲かる仕組み」をつくる二番目の決め手は、「全面的個別対応」にある。

この包み込み理論のほかにも、私のつくった理論とノウハウには究極の客志向の儲かる仕組みがあります。それが、「全面的個別対応」です。

包み込みが第一で、次は全面的個別対応です。究極の消費者対象の客志向ノウハウはこの二つだけです。

私は繊維業界の仕事もしていたので、一九六五年以降、ほぼ毎年、イタリアやフランスに行っていました。イタリアに親しいファッション・デザイナーがいて、その人が「細くて背を高く見せたら、船井さん、もてるようになるよ」と言いました。

「できますか」と聞くと「俺に任せろ」というので、それから毎年二着の割合で、帽子から背広、靴、バッグまで、全部コーディネートしてつくってもらいました。それを着たら、たしかに格好よく見えるのです。

これが、「全面的個別対応」の一例ですが、それほど高価についたわけではありません。たまたま自分の洋服の例をあげましたが、なんでもいいから、ゆりかごから墓場まで、特定のお客のして欲しいことに全面的に対応するような仕組みがつくれたら、どの業界でも勝ちです。

お客の要求にできるだけ合うようにしなければ、うまくいきません。弱小小売店が生き残っていくには、これからは仲間とともにそれをやるしか方法がないでしょう。

そして、全面的個別対応をするためには、社員一人の才覚ということでなくて、会社として対応することです。また仲間たちと、組織とシステムをつくって対応することです。お客さんの一人ひとりに担当の人がついて、その人に言ったら、まるでコンシェルジェか秘書のように対応してくれる。しかも一人で対応できないことについては、会社としてグループとしてきちんと対応できる。それだけのシステムが必要です。

亡くなった山中鏆さんが東武百貨店の社長時代に全面的個別対応を始めましたが、社員がついてこれませんでした。山中さんは素晴らしい百貨店経営者でしたが、これは残念でした。

そこで私は、そごうの山田恭一社長と相談し、同社で全面的個別対応を実施してもらうプランを練っていました。水島会長のワンマン会社ですから、実行できる余地は十分ありました。

そごうが包み込み理論を実践して一番店づくりを続け、その後、全面的個別対応を完全に実現していれば、いまごろ売上げ四兆円くらいにまで成長して、百貨店業界では飛び抜けた一番になっていたはずです。

この試みは実現しませんでしたが、理論とノウハウは船井総研に残っています。

小売業で成功したいと思ったら、この二つだけしっかりやればいいのです。というより、他のノウハウは本物の戦略とはいえません。

売場面積が広くてライバルを包み込める品揃えがあって、さらに何から何までどんな相談にも乗れるお客さんの便利屋兼秘書になれるようなシステムがあれば、無敵といっていいでしょう。

メーカーでは全面的個別対応を完全に貫くことは難しいでしょうが、小売業やサービス業だったら可能です。

「誰かと食事に行きたい」と自分の担当者に電話を一本したら、どんな店がいいか要望を聞いて予約を入れておいてくれる。たとえば、「沖縄に遊びに行きたい」とお客さんが言ったら、飛行機からホテルの予約、さらには現地の車の手配まで全部するようなサービスです。

こういうことをきちんとやるシステムをつくると、これから小売業はほぼ一〇〇パーセント成功するといって間違いありません。

流通業の客志向というのは、究極的にはそれだけのことだと思います。

一方、メーカーの場合は、全面的個別対応は実質的に無理でしょうから、ベストの手法は本物商品を開発することです。それは、絶対にライバルに比べて、お客さんが必要とする条件に合った商品ということになります。それは本物商品以外にないといえます。本物商品については拙著にも書いていますが、わからないときは本物研究所にでもお問い合せください。

バブル崩壊後、資金の流れが滞るだけで企業が倒産する時代になった。

ここまで紹介してきた権威、人脈、儲かる仕組みは、マーケティング上のポイントですが、経営を失敗させないためには、これ以外にもいろいろな要因が必要です。

まず第一に「すぐれたトップ」がいなければなりません。二番目に不可欠なのが、組織体内の人たちの「一体化」です。会社のなかがまとまらなければ、素晴らしい仕組みがあっても成功できません。そして三番目に必要なのが「人財」です。これらがすべてそろっていれば、会社は儲かって仕方がないほどになるし、成功を維持できます。

そのうえ、これらを絶えず活性化するために、夢と希望と前向きな具体的目標が必要になります。そして、勉強して、成功を確信してイメージ化し、これを実行する——経営というのは、人生もそうですが、たったこれだけのことをやれば成功できるのです。

ただし、ビジネスは日々のお金の流れのなかで動いていますから、資金的な流れが滞って潰れてしまうようなことがあっては元も子もありません。そのために、私は戦略経営研究所の「Splendid 21（スプレンディド21）」という経営診断システムを推薦しています。

以前は「船井式」ということで、「バランスシート（貸借対照表）」「損益計算書」「キャッシュフロー計算書」の「財務三表」で、「借金限度」や「流動比率」をチェックしていました。この二つさえ確認しておけば、倒産することはありませんでした。

たとえば、借金限度は粗利益額の範囲内にとどめるようにして、それより多くなったら要注意、流動比率はやはり一〇〇パーセント以上ということぐらい見ておけば大丈夫でした。しかし、バブルが崩壊して一〇年以上、景気停滞が続いたいま、それだけでは安心できなくなっています。

そこで、数年前から私が注目して使い始めたのが、オックス情報の「アラーム管理システム」でした。これは、いまオックス情報の会長を務めている伊藤祥司さんという人が開発したシステムですが、三期分のバランスシート、損益計算書のデータを入力するだけで、倒産の危険がほぼ完全に予知できます。

銀行、証券、保険会社など金融機関の分析には使えませんが、その他の企業については、一〇〇点満点で四〇点以下は倒産状態の企業であるということが四〇〇にも上る「アラーム（警告）」でわかるようになっています。

倒産の三年前に四九パーセント、二年前で七一パーセント、一年前には九一パーセントの確率で危険がわかるので、「アラーム管理システム」はいまや大手銀行、地方銀行をはじめとする金融機関など四〇〇社が取引先の問題点把握のために導入しています。

私が「アラーム管理システム」を『本物時代が幕をあけた』（二〇〇二年九月、ビジネス社刊）の第4章で「『あらかんソフト』を知らない経営者は勉強不足」と紹介したところ、さまざまな反響がありました。

格安航空券の販売で急成長したＨＩＳの澤田秀雄社長とは親しくお付き合いしていますが、彼がこのシステムに注目しました。彼はエイチ・エス証券のオーナーでもあるので、同社が主幹事会社になり、ナスダック・ジャパンを継承した新興市場のヘラクレスでオックス情報の株式を公開しました。

本が出たのが二〇〇二年九月一日で、公開が二〇〇三年一月二八日というスピード公開でした。「アラーム管理システム」は、それだけニーズがあるシステムで、だからこそ市場もその可能性を評価したということなのです。

「Splendid 21」で倒産知らずのシステムをつくらなければ、時代に取り残される。

当然、オックス情報のシステムを導入したいから紹介して欲しいという連絡もありましたが、「アラーム管理システム」以上の経営診断のシステムを自分のところでもつくっているから見て欲しいという申し出も二二人の方からありました。自分たちがつくったソフトのほうが、オックス情報のシステムよりすぐれているというわけです。

私も推薦した責任がありますから、二二件のシステムを全部丹念に調べました。

そのなかで群を抜いていたのが、戦略経営研究所の山本一博さんが開発した「Splendid 21」というソフトでした。

「Splendid 21」は、過去五期分の財務諸表のデータと従業員数をインプットすると、「営業効率」「資本効率」「生産効率」「資産効率」、そして「流動性」「成長性」「安全性」、さらにこれらを統合した「企業力総合評価」が出てきます。

これらの八つのうち重要なのは企業力総合評価ですが、営業効率、資本効率、生産効率、資産効率、そして流動性、成長性、安全性もあわせて見れば会社の評価がほぼ間違いなくわかりますし、さまざまな問題点もわかります。また、粉飾決算をしているかどうかも把握できます。

さらに、粉飾とまではいえなくとも、いろいろな操作内容がキャッチできます。

船井総研のデータを例にとってみると次のようになります。これは最新の決算時の数値から算出したものです。

たとえば営業効率は、二〇〇三年度では五・四八という数字が出ています。超優良企業のキヤノンも五・〇三という数字になっています。

しかし、五を超えると、一般に横ばいになってしまうので注意が必要です。松下幸之助さんはこのような状態を「成功の復讐」と呼んだそうです。そこが成長の限界点となる可能性が高いからです。

この状態を脱するためには、新しい儲かる仕組みをつくっておかなければなりません。

このように、いつ頃どうなるかという予測が立ちますから、それまでになんらかの手を打たなければならないということもわかります。船井総研では、いま、次の儲かるシステム開発に全力投球をしています。

これは経営にとってとても重要なことで、いまや「Splendid21」は私にとって手放せないものになっています。

この素晴らしい経営ソフトを開発した一九五五年生まれの山本一博さんを世に出すために、二〇〇二年一月には船井総研の第六八回経営戦略セミナーで講演してもらい、また船井メディア発行の『F＊Ace』（二〇〇三年九月号から『Funai＊Media』に改題）に二〇〇三年六月号から三回、「企業の真相を映す『鏡』があった」という連載をしてもらいました。

さらに、船井総研の社員を全部集めた席上で、山本さんの開発者としての顔を立てて「Splendid 21」の販売権を譲り受けてもいいから、コンサルティングのプログラムに組み込む検討をするよう指示しました。船井総研が中心となって、グループ会社の船井財産コンサルタンツと船井情報システムズも、「Splendid 21」を主ソフトとして導入するといいと思っています。

「Splendid 21」と船井総研が蓄積したコンサルティングのノウハウが結びつけば、素晴らしいシステムができると思えるからです。

船井総研の新商品開発ということでも大きな意味があるので、いま船井総研では二〇人くらいのプロジェクトチームをつくって、今後どのようにコンサルティングに「Splendid 21」を組み込んでいくか検討している最中です。

船井総研の顧問先約八〇〇〇社のコンサルティングなどに「Splendid 21」を使うことになると、このシステムの導入は、「Splendid 21」によると三年後には頭打ちになると予測される、船井総研の経常利益率のさらなる向上にも貢献することになると思います。二〜三年後、三〇億〜四〇億円で横ばいになると予測される経常利益も、一〇億〜二〇億円は上積みできるのではないかと読んでいます。

今後、「Splendid 21」が、船井総研の大きな柱になる可能性はあると思っています。この導入により、経営診断が高いレベルで標準化できるとともに、コンサルティングに入る前に、これまで経験や勘で判断していた部分もきちんと数字で把握できるようになるでしょう。

経営リスクを上手に回避する仕組みで、万全の体制をつくる。

「Splendid 21」の素晴らしい予測分析については、私が実際に体験しています。

たとえば、ソニーの業績が悪化しそうだということが、二〇〇一年度の連結決算ですでにわかっていました。

ソニーの企業力総合評価一〇八というのは、けっして悪い数字ではありません。しかし、安全性は良否判定の中間点のゼロ（正確には〇・〇一）でした。とても一株四〇〇〇円の優良銘柄の株価と見合う実態ではありません。

もうこの段階で、ソニーはイメージが実態とかけ離れた会社になっていたのです。ソニー、日産自動車、富士通などは安全性に問題があり、このような企業はいま、リストラによる益出しを余儀なくされています。

ともかく、株価と実態のこのような乖離は、必ず調整されるときがきます。

もう一つの着眼点は、人員整理によって生産効率は上昇しているのに、営業効率は四期連続して下落し、しかも赤信号領域に突入していることでした。いずれ市場がこれに気がつくとき、ソニーの株価は暴落することになると私は判断していました。

そして実際、その通りになりました。

ソニーは二〇〇三年四月二四日、市場が引けたあと、二〇〇二年度の連結決算の発表を行いました。

売上げ七兆四七三六億円（前年度比マイナス一・四五パーセント）、営業利益一三四六億円（前年度比プラス三七・七パーセント）、当期利益一一五五億円（前年度比七五〇パーセント）は、けっして悪い数字ではないように思えました。

しかし同時に、二〇〇三年一月―三月期（二〇〇二年度第4四半期）は、営業損失一一六五億円、当期損失一一一一億円の業績悪化とされ、二〇〇四年三月期の業績見通しが大幅に下方修正されました。

売上げ七兆四〇〇〇億円（マイナス一・五パーセント）、営業利益一三〇〇億円（マイナス三〇パーセント）、純利益は五〇〇億円（マイナス五七パーセント）と大幅に落ち込むことになるというのです。

翌四月二五日、ソニー株には売り物が殺到し、取引時間中に値がつかない異常事態となりました。大引けには比例配分でストップ安の三二二〇円、さらに週をまたいだ四月二八日も連日のストップ安となり、二七二〇円まで売り込まれました。

四月二四日の終値は三七五〇円でしたから、たった二営業日で一〇〇〇円も下げる急落となったのです。

これにより、日経平均も七七〇〇円を割り込み、バブル後最安値を更新することになりました。いわゆる「ソニーショック」と呼ばれている現象です。

このように数字ではっきり予測できたのは、ソニーだけではありません。

マイカルやそごうの破綻、松下電器のV字回復、日産の再生、ユニクロや雪印の状況も見事に分析できていました。ただし先に述べたように、日産自動車は、いまのところ安全性に問題があります。

さらに今後、ダイエーの業績がなかなか回復しないことも予測できています。

「Splendid21」は、長期的な企業収益の予測ができますから、融資を行う銀行をはじめとする金融機関にとって不可欠のシステムといっていいでしょう。また、公認会計士や税理

「Splendid 21」の企業力総合評価

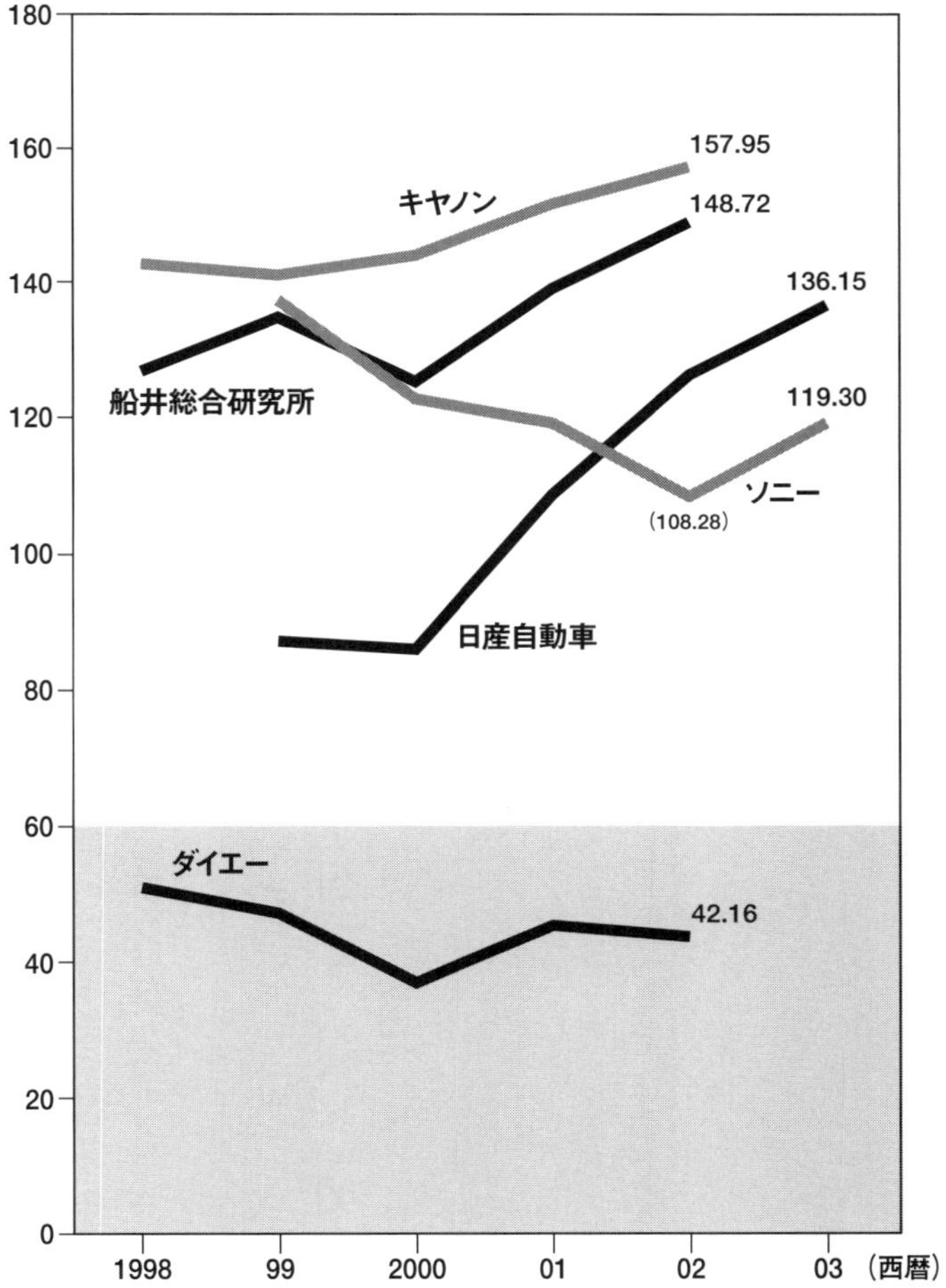

※各企業の決算期は、キヤノン、船井総研は12月期、ダイエーは2月期、その他は3月期。
船井総研の2003年12月期は、152.84になりました。

士にも、強いニーズがあります。

この便利なシステムで資金ショート、倒産、貸し倒れなどのリスクを回避できるだけでなく、新たな商品開発に取り組み、完成させねばならない時期もわかります。船井総研を実例として先に述べた通りです。

儲かるシステムができていても、他の経営リスクによって破綻することが、バブル崩壊後は珍しくなくなっています。どんなにいい商品、どんなに素晴らしい技術、どんなにすごい営業力があっても、安心できません。企業経営を成功に導くために、経営リスクを回避する仕組みが不可欠な時代が訪れたのです。

成功の第一原則

自分のいまの仕事を天職と信じよう!

いま自分でしている仕事が天職と思えなければ、成功することは難しい。

それでは、成功の方法論の解説に入ります。

まず最初に言っておきたいことは、「天職」発想で取り組まなければ成功は難しいということです。

いましている仕事が自分の天職だと思って取り組まなければ、本当の実力は身につきませんし、当然のことながら成功はできないといっていいでしょう。

私がコンサルティングの仕事を天職だと思うようになったのは、一九六三年か一九六四年の頃だったでしょうか。まだ三〇歳そこそこでしたが、当時勤めていた日本マネジメント協会の経営指導部長をしていました。自分より年上のコンサルタントを含めて部下が何十人かいるようになっていました。

私がコンサルティングに行くと答えがすぐに出て、思った通りの結果が出るのですが、他のコンサルタントの人はとても時間がかかっていました。それを見て、やっと仕事に自信がついてコンサルティングが自分の天職だと思えるようになったのです。

しかし、そうなるまでにはずいぶん時間がかかりました。

私は一九五六年に大学を卒業して、一カ月後に財団法人安全協会へ入りました。ここで産業心理と、文章を書いて編集することを覚えました。また、能率のことをさんざん学ばせられました。

安全協会というのは産業安全のための協会でしたから、そこの会員から、事故を起こさないようにするにはどうしたらいいかという相談がきます。

しかし、当時は特別なノウハウなどはありません。一九五五年に日本生産性本部（その後、社会経済国民会議と統合されて社会経済生産性本部になった）ができて生産性運動を進めていましたが、安全管理のアドバイスなどは、日本でほかにやっているところがありませんでした。

そこで安全管理の方法を検討することになったのですが、事故が起きるのはたいてい夫婦喧嘩してきたあとだということなどがわかりました。それで、心理学の問題だということとなって産業心理の研究を始めたのです。

当時、アメリカのワシントン大学のローゼンツヴァークという教授が産業心理研究の第一人者でした。私は、ローゼンツヴァークを師として産業心理学の勉強をしました。

研究の結果、フラストレーションがたまったときに事故が起きることなどを発見しました。

おかげでフラストレーションの専門家になって、頭が学生時代から禿げていたせいもあってか二〇代半ばで「先生」と呼ばれ、いろいろな大企業へ安全管理のコンサルティングに行ったものです。当時はまだ、コンサルタントという言葉すら認知されていませんでした。

国鉄や八幡製鉄の安全管理のアドバイスも行いました。「ムダ・ムラ・ムリ」の少ない工場レイアウトをすれば、事故が少なくなることなどは、この頃に知ったのです。

このような経験をして、私はコンサルティングを天職と思い始めるようになりました。

世の中で起きることはすべて必要・必然・ベスト。失敗こそ勉強のチャンスだ。

その後、東洋レーヨン（現在の東レ）と縁ができ、いつのまにか私はマーケティングに興味をもち始めるようになります。

もともとマーケティングなどにはまったく興味がなかったのですが、コツコツとものをつくるのもいいが、売る仕組みづくりに天性の才がありそうだと気づいたのです。

当時、大きなコンサルタント機関が四つありました。

その一つが、先に紹介した日本生産性本部です。もう一つが日本能率協会（ＪＭＡ）です。「ノーリツ」という考え方から経営全般のコンサルティングをしていました。三つ目が日本事務能率協会（ＮＯＭＡ）で、これは現在の日本経営協会です。ここは事務能率の研究を専門にしていました。そして四つ目が、私がいた日本マネジメント協会です。

一九六四年頃、私は日本マネジメント協会の経営指導部長を務めていましたが、東洋レーヨンから、「今度、東レサークルというのができた。小売りまで東洋レーヨンが詳しく知りたいので、東レサークル加盟小売店のコンサルタントをお願いしたい」という依頼がありました。

当時、東洋レーヨンはとても儲かっていましたから、お金を出してコンサルタントを派遣して流通を知り、管理しようとしたのです。

アメリカの経営学者、P・F・ドラッカーが「流通は経済の暗黒大陸」だと指摘し、日本では東京大学の林周二さんが「流通革命論」を唱えていました。

流通革命論というのは簡単に言えば、大量生産時代を迎え、メーカーは大量につくった製品を「太くて短い」経路で大量に消費者に届けなければならない、そのために流通を改革しなければならないという考え方でした。

流通革命論に従って、川上の原糸のメーカーの東レから、東レの糸を原料として織物や衣料品をつくっている川中の問屋や、それを売る小売店（川下）までを「東レサークル」で囲い込み、できれば系列化したいという試みだったのです。

しかし当時、小売業に詳しいコンサルタントはいないといってもいい状態でした。『商業界』『商店界』に執筆している人たちや、読売新聞の記者だった渥美俊一さんが「日本リテーリングセンター」をつくってアドバイスをしていたくらいです。私自身、小売りのことは、ほとんど知りませんでした。

当時は、日本にはまだマーケティングのノウハウがなかったので、コンサルタントまがいの人々は、みんなアメリカのノウハウを導入していました。しかし、アメリカ流のメーカー・マーケティングを小売店でやると、ほぼ一〇〇パーセント失敗してしまいます。

一九六七年から一九六八年にかけて、私のアドバイスのミスで、数社ほど大手の小売店を潰してしまいました。東レからの紹介でコンサルティングした百貨店、大きな専門店の経営状態が次々に悪化し、私が自信をすっかりなくしてしまったのが、この頃のことです。

このときは、もうこの仕事を辞めようかとも思ったくらいです。

その一方で、メーカーのコンサルティングはとても順調でした。船井がやるとなんでも当たると評判になっていました。

しかし、小売業の失敗が続いたものですから、すっかり自信がなくなってしまいました。これはもう坊主にでもなるしかないと思い、禅寺の僧侶になっている学生時代の友人を訪ねました。

「もう死んでしまいたいくらい失敗ばかりだ。坊主になろうと思うが、弟子にしてくれないか」と頼むと、「丸める髪もないのに何をいまさら坊主だ。君は坊主には向かない。死ぬ気になって生きろ」と言われ、目が覚めたのです。

その言葉がきっかけとなって、私はもう一度、本気になってコンサルティングの仕事をしてみようと思い直したのです。そして、天職発想をもつようになってからは、失敗することがなくなっていきました。

いまから考えると、世の中で起きることは、すべて必要・必然・ベストのようですから、この辛い思いが、私のその後に必要だったのだとわかりました。

悩みから立ち直って本当の自信がついたとき、天職という自覚が生まれる。

失敗が続いたせいでずいぶん悩みましたが、一九六七年末頃には、「組織体の経営はトップ一人で九九・九パーセント決まる」ということがわかってきました。そして、翌一九六八年には、トップが「素直」「勉強好き」「プラス発想」の三条件を満たしている人でないと会社は発展しないという「成功の三条件」をルール化しました。

これが船井流経営法の第一歩で、当時私は三五歳でした。

こういうことが正しいかどうかの確証はまだつかんでいませんでしたが、一九六九年の九月に日本マネジメント協会の理事会で意見が合わず、辞表を叩きつけることになってしまったのです。

生きていかなくてはなりませんから、すぐに一〇月三日には個人で「フナイ経営研究所」

という経営体をつくり仕事を始めました。ちょうど家を建てたばかりでお金がなくて、元手は三〇万円でした。これを銀行に入れて、当座預金の口座を開いたのを覚えています。

日本マネジメント協会からついてきたいという人たちがたくさんいましたが、学校を出たばかりの若い人を中心に、五人だけ連れて個人経営で経営コンサルタント業を始めました。私はまだ三六歳でしたが、二二、三歳の経験のない人たちと仕事を始めることになったのです。

お世話になっていた日本マネジメント協会には迷惑をかけたくないし、生きていくために日本マネジメント協会と競合しないことをやろうと、当時自信が出始めていた小売業のコンサルティングを中心にフナイ経営研究所ではやるという方向で始めました。

日本マネジメント協会で関西事務所長として私が取引していた先は二四〇～二五〇社ありましたが、独立した私についてきてくれたのは、そのうちわずか八社でした。私自身、いかに信用がなく、お客さんはついてこないかということが、おかげでよくわかりました。

しかし、メーカーのコンサルティングの実績で名前が売れていたので、NHKの教育テレビで週に一回『船井幸雄の経営講座』という番組をもっていました。

そのようななかで、六人で私の個人事務所のようなかたちでスタートして、給料などを払った後で三〇万円の元金が一〇〇万円になったら株式会社にしようと決めました。四〜五カ月で一〇〇万円にまで増えたので、一九七〇年三月に株式会社にしました。それが、㈱日本マーケティングセンターで、その後社名を変え、いまの船井総研になっています。

当時、大々的に小売業のコンサルティングをしていたのは、倉本長治さんの商業界と渥美俊一さんの日本リテーリングセンターしかありませんでした。

渥美俊一さんとは一回も会ったことがありませんが、彼のやり方、考え方は私と一八〇度違うのです。こんなに違う考え方の人がいるのにはびっくりしました。渥美さんとは、それからことごとく対立することになります。

それでも一回会うチャンスはありました。札幌の商工会議所から講演の依頼があったとき、渥美さんと一緒なら引き受けるという条件を出したのです。しかし、当日になって渥美さんが病気ということで彼の講演がキャンセルになったので、一度もお目にかかったことがありません。

渥美さんはスーパーやチェーンストアのコンサルティングを中心にしていて、ペガサスクラブという経営者の会を主宰していました。この名前は翼のある天馬からとっています。ペガサス座という星座があるので、生意気な私は、私が主宰する経営研究のクラブは宇宙そのものを意味するコスモスクラブと命名し、よくペガサスクラブとは対立したものです。私は渥美さんの方法論でやると絶対うまくいかないだろうと東レサークルの経験で思っていましたから、本当によくぶつかりました。日本の量販店は、このどちらかのクラブ、または両方に入っていました。当時、時流に乗っていた業界だから急伸してよかったのですが、日本の量販店業界は渥美さんと私の二つの考え方のバランスの上でできたようなもののように思います。

渥美さんがコンサルティングしている店と私がコンサルティングしている店がぶつかったら、たいてい私がアドバイスしている店が好業績をあげました。

百貨店からのコンサルティングの依頼が増えて、コンサルティングした店の業績がどこも急上昇しました。次第に自信がつくとともに、コンサルティングが自分の天職だと確信をもつようになっていったのです。そうなったのは、一九七〇年以降のことでした。

そして、一九七五年頃には、社員も五〇人くらいに増えていました。会社が伸びれば、人はすぐに増えるものです。たとえば、二〇〇三年の四月に本物研究所を設立して本格的に活動を開始した船井幸雄グループは、すでに六〇人になっています。

こうして、コンサルティングは、まさに私の天職と思えるようになったのです。

サラリーマン的な働き方では、せっかくの人生を棒に振ってしまうことになる。

自分のいまの仕事を天職と考えて生命がけで仕事に取り組むと、本当の力がつきます。ふつうのサラリーマン的な、「できるだけ休まず、遅れず、仕事せず」の働き方をしていると、せっかくのチャンスものにすることはできないでしょう。

これは、船井総研の社員をみていたらよくわかります。

船井総研は、コンサルティング業界で世界ではじめて株式を上場した会社で、いま業績もとてもいいですから、若い人には格好よく見えるのでしょう。かなり多くの人が採用に応募してきます。ここ一〇年以上前から、超一流大学出身の人でなければ入社が難しくなっています。

二〇年ほど前から、船井総研は毎年、男性一〇人、女性一〇人、合計二〇人ほど新卒者を採用してきました。しかし、昔と違って女性が三〇歳をすぎても退職しなくなってきましたので、男性一五人、女性五人というように女性の比率を抑えるようになりました。

二〇〇三年は四〇人ほど新卒者を採用しましたが、うち女性は八人、二〇〇四年は五〇人ほど採用しますが、女性は一二〜一三人になる予定です。

女性が辞めなくなったのは、男女の格差がなくて、ボーナスはいいし、一度上がった給与はそんなに下がらない体系になっていたからで、いま船井総研には四〇歳以上の高給取りの女性が大勢います。これはよいことだと思います。

そんなこともあって、今年の新卒採用には女性の応募者が何千人もありました。すごい競争率です。そうして入ってくる女性たちですから、男性よりはるかに入社試験の成績がいいのです。

船井総研に入ってくる新入社員には三つのタイプがあります。成績のいい女性、優秀な成績の男性、そして顧問先の経営者の息子たちです。

入社試験のときの女性たちの成績を一〇〇としたら、男性の入社する人の成績は六〇くらいです。それでも東京では、そういう男性たちのほとんどが、東京大学、早稲田大学、慶應義塾大学、上智大学などの一流大学といわれているところの出身です。それなのに、女性と男性の成績には大きな差があるのです。

そして、頼まれて採用する経営者の息子たちの成績は二〇くらいです。ほとんどできないといっていいくらいです。

ところが、これが八年経って三〇歳くらいになった頃には、仕事をしたことを評価基準にすると、経営者の息子を一〇〇としたら、はじめ六〇だった男性は八〇くらいで、一〇〇だった女性は五〇～六〇に落ちてしまいます。

これは、単純に「やる気」の差のように思うのです。

これは一般論ですから、もちろん例外があります。

船井総研では、忙しいときには、一日三～四時間しか睡眠時間がとれなくて、昼飯もとれないような状態になります。夜一二時に寝て三時に起きて仕事や勉強に取り組まなければ、とても仕事がこなせなくなってしまいます。

そのため、船井総研の新入社員は本当に必死で仕事をします。これについてこれないような部下がいたら、それは上司の責任です。

男性にはこのようにして仕事を覚えさせますが、女性に対して私はこうは言えず、好きなようにしてもらってきました。

ともかく、夜まで仕事をしていたくないとか、土曜日や日曜日に休みたがっているような人は、短期間では力がつかないようです。

女性は八年くらいたつと、とても優秀だった人でも、男性が素晴らしい仕事をした内容を一〇〇とすると、そのほとんどが六〇くらいになってしまいます。例外はいないわけではありませんが、そういう人は仕事や勉強の仕方が最初から違っているようです。

船井総研には山岡加代子さんというとても優秀な女性コンサルタントがいます。この女性は入社当初からブライダルとホテルのプロになると言って頑張って、二七〜二八歳くらいのときから、それらの世界でコンサルタントとして名前が売れました。

彼女は、ブライダルとホテルのコンサルティングが自分の天職だと、二五歳くらいから思っていたのでしょう。目標が具体的で、自分のなりたい姿もイメージできていたようです。結婚しましたが、御主人より仕事のほうが好きなようにもみえます。

しかし、山岡さんのような例は多くはありません。女性は、子どもを育てるなど、素晴らしい天職があるからでしょう。それでいいのだと思います。

天職をイメージできる人は、厳しい教育を耐えぬいてたった三年で大きな差がつく。

この逆が、やがて家業を継がなければならない経営者の息子たちです。

こういう新入社員は、特別に厳しく教育し、訓練します。

出身大学もいろいろで、最初はまるで仕事ができない者が多いのですが、「なんとか、うちの息子を将来の社長にしたい。よろしくお願いします」と親に頼まれていますから、本人にも引導を渡して、本当に厳しく指導します。

彼らには一日三、四時間くらいしか睡眠時間がとれないほどの仕事を常時させます。入ってきた当初は、ぼんやりしていますが、やはりそれだけ仕事をさせると、まるで顔つきが違ってきます。本当に人間というのは、努力次第、心掛け次第だと思います。

親御さんからそのような依頼があって入ってくる社員は、家族が私や小山政彦社長の熱心なファンであることが多いのです。若い息子たちは入社して世の中のことがわかってくると、自分の親を見る目が違い、尊敬し始めます。

そして、自分の天職を具体的にイメージできるようになるようです。それが厳しい教育に耐えられる一つの要因だと思います。

自分の親の会社にいるより、船井総研に預けてもらったほうが、ふつうは早く成長します。この違いは三年も経ったらはっきり出てきます。

私や小山社長は生命をかけて取り組んだら誰でも天才になれると思っていますが、三年もその気になって仕事や勉強をしたら、「働き」「学び」「素直」「プラス発想」などがくせづけできますから、たいていのことはできるようになります。

いま、船井総研では年間一億円以上のコンサルティング粗利をあげている社員が何人かいますが、そのほとんどが、私が「毎日二〇通ずつ手紙を書け」と言ったのを忠実に実行している者たちです。これは、自分でホームページをつくって毎日更新するということでも構いません。こういうことがしっかりできる人は成長します。

若いうちに、こういうことを人から強制されるのはいいことです。甘やかすと、その人のせっかくの才能の芽を摘んでしまうことになります。人間が甘くなって、なかなか一人前の仕事ができなくなってしまうのです。

こういう働き方をしていると、一時的には家族孝行ができなくなってしまうことも確かです。とはいえ、奥さんや子どもさんを大事にするということは、仕事がしっかりできてこそだと思います。

また、このような厳しい教育に耐えられるのも、天職発想がポイントといえそうです。そうでなければ、とても続かないでしょう。

このようにして仕事と勉強を続けますと、経営者の息子たちが三〇歳になる頃には、超一流大学出のふつうの男性たちを追い越し、おおむね実力では大きく引き離すことになるから面白いものです。

「自分は、いまのこの仕事に全力をつくす」という天職意識があれば、早く本物になることができるのです。

人生は生まれてきたときに九〇パーセント決まっている。だからこそ天職発想しよう。

私が天職発想で仕事しなければならないということを本気で言えるようになったのは、そんなに昔のことではありません。

天職発想で仕事に取り組まなければならないという確信をもつに至った、その経緯についてお話ししましょう。

ノストラダムスの予言詩の解説でよく知られている、池田邦吉さんという人がいます。彼は東京工業大学を卒業した建築士で、ツーバイフォーの建築に関しては日本一の腕をもっています。しかし、ノストラダムスの研究を始めた一〇年ほど前から、どちらが本業かわからなくなってしまいました。

それほど、予言詩の解読にのめり込んだのです。

この池田さんが、「宇宙創造神の御教え」ということを言うのです。

池田さんは、東京工業大学の先輩でグラビトン（重力波）の本質に迫る「グラビトニクス理論」や超能力の研究で知られる日本サイ科学会の創設者、故・関英男さんの一番弟子のような人です。

あるとき池田さんが関さんの『超能力』という本を読んで感動し、その本の奥付を見たら大学の先輩だったので電話してみたところ、「後輩なら、いっぺん遊びにこないか」と誘われたそうです。

当時、関さんは毎週水曜日に加速学園というところで勉強会を主宰していて、池田さんはおそるおそる訪ねてみたそうですが、何回行っても「洗心」ということを大きな声で講義するだけで、質問はいっさい受け付けなかったそうです。毎回、偉い人たちが参加していたのですが、黙って話を聞いて帰るだけの会だったといいます。

この洗心については、私も関さんから直接聞いたことがあるのでよく知っています。

田原澄さんという女性が一九六五年頃、宇宙創造神という存在の教えを自動書記で書き表したものですが、それが洗心の教えで、「常の心」と「御法度の心」の二つからなっています。

常の心（プラスに作用するいつも心掛けたい心）

強く、明るく、正しく、我を折り、宜しからぬ欲を捨て、皆仲良く相和して、感謝の生活をなせ。

御法度の心（マイナスに作用する避けたい心）

憎しみ、嫉み、猜み、羨み、呪い、怒り、不平、不満、疑い、迷い、心配心、咎めの心、いらいらする心、せかせかする心を起こしてはならぬ。

この教えは「宇宙学（ザ・コスモロジー）」といわれ、ある団体が継承していて、田原澄さんを初代として、いま中心の方は三代目になっています。信者も大勢います。

関さんは、加速学園で毎週、この「洗心」の教えを繰り返し話していたというのです。

池田さんは、三カ月くらい通ったらこの教えが全部正しいと思うようになったといいます。

私は関さんに、「この言い方は、未熟神界か何かに本物の神様の真似をする未熟な神がいて田原さんに書かせたに違いないから、宇宙創造神が直接言ったとは思わないほうがいいですよ」と言ったので、関さんは私には洗心の話はされなくなりました。

どうしてそう思ったかというと、この宇宙創造神と称する存在が「~をなせ」とか「~してはならぬ」という物言いをしているからです。本当の創造主や偉い神様だったら、そんな言い方はしないはずだと私は信じています。ですから、その宇宙創造神という存在は、未熟な神といっていいようなものだと思うと言ったのです。

私は長年、神の世界の研究をしてきたのですが、創造主のような神は人間に命令などしないと思います。

その話をしたら池田さんは、「船井先生についているのはやさしい神様だけど、田原さんや関さんについていた神様は厳しいんです」と言うのですが、そんなことはないように思います。

本物の神というか成熟した神様は、みんなやさしい存在です。

しかし、洗心という教えの内容そのものはその通りで、それぞれ正しくて、間違ったことではありません。

関さんは、まさにこの教えの通りに生きた人です。本当に信じて実践していました。洗心を正しいと疑わず、迷わず、心配せず、とても幸せな生き方をして九六歳まで長生きしました。関さんの生き方は、とても幸せなものだったと思います。

繰り返し言いますが、洗心で言っていることが間違っているとは私は思っていません。すべて正しいと思います。創造主の立場からしたら、最初は「洗心」の教えに従った人間の世の中をつくったはずなのに、それをエゴが支配する世の中にしてしまったのが人間なのです。

エゴ（egoh）というのは、エゴ、対立、競争をベースに、権力欲、名誉欲、金銭欲、所有欲、肉体欲など、快楽を追求する生き方をする自分中心の考え方のことです。これに対する言葉がエヴァ（evah）で、愛、調和、互恵がベースになっている考え方、生き方のことを意味します。

これらの言葉は、一〇年ほど前に、足立育朗さんが宇宙の知的生命体から教えられた言葉だと、私に伝えてくれたものです。

世の中がエゴからエヴァに戻ったら、正しいことがきちんと行われるようになり、私たちは幸せな生活ができるようになると思います。とはいえ、いまわれわれは洗心の教えの通りには生きられません。いまの地球人はレベルがまだエゴ中心なのです。

ですから、生まれてきたときに、その人の人生は九〇パーセント以上、決められているのではないかと思われるのです。

これの理由については拙著『この世の役割は「人間塾」』（二〇〇三年、ビジネス社刊）に詳述しています。参考にしてください。

これはつまり個々人にとって、いま自分が置かれている状況が、自分にとって必要・必然・ベストだともいえるということです。ということは、人間は常に天職発想したほうがいいということになります。

そして、洗心で言っているような生き方をしますと、ほぼ一〇〇パーセント、人は成功できるといっていいようです。これは実感です。

自分のいまの仕事が天職だと思ったら全力投球してみてください。それがどうしてもできないようだったら、その仕事を辞めるしかありません。

最初から天職はわからない。一生懸命やったところで、はじめて気づくものです。

若い人のなかには、自分の天職になかなかめぐり合えないと思っている人も多いのではないでしょうか。

しかし、そんなことはありません。

私自身もコンサルティングが天職だと気づくまでにはずいぶん時間がかかりましたし、悩みました。

天職だと認識した頃には、仕事も順調にいくようになっていました。しかし、それまでは、食べていくために仕方がなくてやっていた時期もあります。

とはいえ、仕事に悩みながらも没頭していたのですから、私にとって必要・必然・ベストのことに取り組んでいたのは間違いありません。だからこそ、その後、天職という自覚が生まれたのだと思います。

いまの若い人には定職をもたないフリーターが増えていますが、とてももったいないことだと思います。できることなら定職に挑戦してほしいのです。

二〇〇三年一二月二五日に内閣府が発表した二〇〇二年度の国民経済計算（確報）によると、日本の家計貯蓄率は六・二パーセントになったそうです。一九九一年には一五パーセントを超えていたのですから、ここ一〇年ほどのあいだに半分以下になっています。

これは、フリーターの増加によるものと考えていいでしょう。

独立行政法人労働政策研究・研修機構の「首都圏フリーターの意識と実態に関するヒアリング調査」によりますと、フリーターの週平均労働日数は四・九日、平均月収は一三万九〇〇〇円だそうです。

この月収は全国平均だともっと下がるでしょう。

これが、おじいさん、おばあさんが貯金を取り崩して収入の少ないフリーターの若者たちの生活の面倒をみることにつながっているようです。

これは日本の将来の大問題ですが、私はふつうの人はフリーターの生活から早く足を洗ったほうがいいと思います。

先の調査では、「フリーターとして就いてきた職種は、ファミリーレストラン、ファーストフード、カラオケボックス、漫画喫茶などの『サービス関連』、レジ、コンビニ店員などの『販売関連』、テレフォン・アポインターなどの『営業関連』、組立・加工、交通量調査などの『現場作業関連』などが中心」とのことです。

どの業種も、アルバイトとして働いているうちは腰掛け的で、天職発想を身につけるのはかなり難しいでしょう。これにより、人生の貴重な時間を無駄遣いしてしまう可能性もあります。

いまでは三〇歳過ぎまでフリーターを続ける若者も多くなっていますが、その年齢までフリーターをしていた人は企業社会ではあまり歓迎されないようです。

「やりたいことがまだできないからフリーターをしている」人も多いようですが、できればぜひ企業社会に飛び込んで、なんでもいいですから、与えられた仕事に一生懸命に打ち込んでみて欲しいのです。また、自分で企業を起こしてみてください。

たとえば船井総研に入ったら、毎月、コスモスクラブの会合に出て勉強しろと言われるし、出席したら感想文を書けと言われます。さらに、一日三、四時間しか睡眠時間がとれないくらい仕事をしなければならないほど鍛えられますから、「やりたいことがわからない」などと言っている時間さえなくなります。これが、まともな企業です。

こうして鍛えられると人間はいっぺんに変わります。

続かない者は入社一カ月後には辞めてしまいますが、それを過ぎても続く社員は目の色を変えて仕事をするようになります。働いて他者のために貢献してこそ、世の中にプラスになるのです。

企業社会というのはこのようなもので、フリーターの世界とはかなり違います。ともかく、自分の仕事で、なんでもいいですから、ムチャクチャやってみて欲しいのです。

これが天職発想の第一歩です。

困難から逃げ出さずに生命がけでやらなければ、チャンスを逃してしまう。

私の経験、そしてほかの人たちを見ていると、人間が本当に自分のことがわかるようになるのは、六〇歳を過ぎてからだと思います。

若いうちは本当の自分のことがわからないものです。二〇歳くらいでは、自分にはどんな仕事が向いているかさえ、まったくわからない人も多くいます。

それでも何かに情熱を傾けて必死になってやってみなければ、自分というものは見えてきません。中途半端な気持ちで仕事に向かっていては、自分に合っているのか合っていないのか、それすらもわからないでしょう。

生命がけでやってみると、いまの仕事が駄目であっても、次が準備されているのです。それが人生です。そのときは失敗したように思える経験でも、何年、何十年か経ったら、やはり自分にとってその経験が必要・必然・ベストだったとわかってきます。

ですから、表面だけ舐めて諦めてばかりいると、いつまで経っても自分の天職が見つからないともいえるのです。

失敗は、人生でとても大切なものです。私はコンサルタントとして、一万件以上のアドバイスをしてきましたが、この三〇年来、この面では失敗はありません。しかし、自分の会社では、経営や手法の実験のようなことをして、よく失敗しました。

失敗しなければわからないことが、この世の中には数多くあります。私はたくさん失敗したからこそ、いまの自分があると思っています。

私の親友に岐阜県大垣市を本拠とするヤナゲン百貨店を経営していた浅野貞二さんという人がいました。非常に親しいお付き合いをしていたのですが、一九七六年一一月一九日に突然、亡くなってしまいました。

ヤナゲンの経営計画を一緒に立てて、亡くなる直前に旅行にも一緒に行ったのに、あまりに急な死でした。

私は、浅野さんの死の原因が自分のアドバイスのミスのせいではないかと思いました。亡くなってから数日というもの、前々から約束していたこと以外はいっさいしないで、自分を責め続けました。

ほとんど眠らず自問自答を繰り返していたのですが、一週間くらい経った頃、夢か現実か定かでないなかで、次のような声がどこからか聞こえてきました。

「もう悩むのはおやめなさい。自分をいじめるのもおやめなさい。この世で起きることは、すべて必要・必然なんですよ。ヤナゲンへのアドバイスは正しかったんです」

とてもきれいな声でした。私はすっと楽になって二日ほど眠り続けました。そして、一九七六年の暮れから一九七七年の正月にかけて、そのことばかり考え続けたのです。

私の人生を振り返ると、高校三年のときに円形禿頭症という病気で髪の毛が抜けてしまったこと、幼い子を残して妻が急死したこと、日本マネジメント協会の理事会で意見が対立して辞めてしまったこと、個人会社をつくって半年もしないうちに株式会社を設立できたこと、さまざまな思いが交錯します。

そしてわかったのは、「世の中で起きることはすべて必要・必然・ベスト」だと考えたほうがいいということでした。

この年から、私は積極的に経営者として動き始めました。一九七八年にはフナイクラブを設立しています。また、松屋、イトーヨーカ堂などでのアドバイスが大当たりし、大型小売店の経営ノウハウを一九八〇年までに確立しました。

浅野さんを亡くした悲しみから消極的になっていたら、四〇代前半の働き盛りの時期を棒に振っていたかもしれません。亡くなった親友が応援してくれるはずだとプラス発想しました。それがよかったのでしょう。

人はそれぞれさまざまな悩み、苦しみを抱えています。どんな悩みも、どんな苦しみも、すべてそのときの自分に必要なものなのでしょう。それは人生の必然であり、最終的にはベストといってもいいようです。

苦しい思いをしているときは、逃げ出したくなることもあるでしょう。何をやるのも嫌になって、マイナス発想してしまいがちになることもあります。

しかし、そこで逃げ出したり、立ち止まったりしていたら、そのまま立ち直れなくなってしまいます。

さまざまな困難に生命がけで真正面からぶつかっていくことによって、そしてプラス発想していくことで、道は開けていくのです。どんなことも生命がけで取り組まなければ、せっかくのチャンスを逃してしまうことになるのです。

安易な転職は得にならない。いまの仕事に打ち込めば、必ず誰かが評価してくれる。

最近の若い人は、会社をすぐ辞めてしまいます。

厚生労働省市場センターの調査によると、大卒男子で一年目に約一四パーセント、三年目までに三〇パーセント近く、大卒女子で一年目に二〇パーセント弱、三年目までに四五パーセント近くが、最初に入社した会社を辞めています。

辞めねばならないことがあるのかもしれませんが、会社を辞める、転職するのが得にはならないことは、しっかり認識しておいたほうがいいと思います。

目先の仕事に全力投球しても、どうにもならなかったら、転職しなければならないこともあるでしょう。しかし、ともかくこれも、先に述べたように「必要・必然・ベスト」だと思って欲しいのです。本当に一生懸命やっていたら、必ず目先が開けてくるものです。

どうも転職を繰り返す若い人たちは、全力投球するところまでいっていないように思えます。どんなことも、いまからプロ意識をもって仕事をしてみてください。
一生懸命やっている人のことは、誰かが見ているものです。もし一生懸命になっている人の天職が別の仕事だとわかれば、天職につけるように力を貸してくれる人がいるものです。

私の秘書に日向るみ子さんという女性がいますが、この女性は岩手県から出てきて、私の友人の整体師の佐藤文治さんが主宰する健幸クラブで佐藤院長の秘書をしていました。どんなことも一生懸命にやるので、佐藤さんから「うちではもったいないから、船井先生のところで面倒をみてもらえませんか」という話があって、本人の希望もあり、私のところにきました。

佐藤院長は、整体で私の身体をさわっていますから、日向さんと私の相性のよさがわかったといいます。

最初、私の個人的な秘書を務めてもらおうと思っていたのですが、ウェブのデザインなどが得意で、その仕事が合っていることが見ていてわかったので、二〇〇四年一月から始めた「船井幸雄ドット・コム」の管理や情報発信業務を主として行ってもらっています。

ほとんど毎日、「秘書から見た船井幸雄」のコーナーに、彼女の知ったことなどをまとめた記事を書き、やはりほとんど毎日更新する「船井幸雄の今すぐ知って欲しいこと」などをはじめとする記事を掲載してくれています。

ムチャクチャ忙しいはずですが、まったく不平も言わず、夜遅くまで頑張っているようです。私の期待以上の仕事を嬉々としてやってくれています。

日向さんはいま、天職発想で仕事に取り組んでいるようにみえます。

あとで聞いたことですが、佐藤院長は仙台でも整体院を経営していて、以前、日向さんはそこで治療してもらったことがあったということです。その縁で佐藤院長の秘書になったようです。

これは不思議な縁ですが、日向さんは健幸クラブで頑張って仕事をしたために、天職のようないまの仕事に出合ったことになります。この寄り道も、彼女にとっては「必要・必然・ベスト」だったのでしょう。

私の周辺にいる人たちは、船井総研の小山政彦社長、船井財産コンサルタンツの平林良仁社長、船井コミュニケーションズの岡田敏夫社長、本物研究所の佐野浩一社長、船井メディアの野々垣健五社長はじめ、さまざまな縁があって私の近くにきてくれた人々ばかりです。みんな天職発想で頑張ってくれています。私は彼らを信頼し、感謝しています。

以上、私のごく身近な例を紹介しましたが、とりあえず自分のいまいるところで、ふつうの人の三倍くらい頑張ってやってみたらどうでしょうか。その仕事を天職だと思ってやってみるのです。それでも面白くなかったり成果が上がらなかったら、それから考えればいいのです。ふつうはその前にチャンスが開けるものです。

生まれたときに人生というのは九〇パーセント以上決まっているようです。そして先に紹介した「洗心」の教えに従って誠実に生きるのが正しいようです。

それとともに、常に天職発想で頑張ることこそ、ビジネスで成功する第一歩目の秘訣なのです。ぜひ、やってみてください。

成功の第二原則

人に応援してもらうようにしよう!

周りから応援される人は、けっして自慢話などせず多くの人を喜ばせられる人。

私と非常に気の合う若い人が二人います。一人は三十代半ばの本田健さん、もう一人は二十代半ばの浅見帆帆子さんです。二人とも、いま売れっ子の人間研究家です。

本田健さんは『ユダヤ人大富豪の教え』（二〇〇三年七月、大和書房刊）というベストセラーを書いた人ですが、最近は講談社から『普通の人がこうして億万長者になった』（二〇〇四年二月、講談社刊）を出して注目されています。この本によると、成功する人は「多くの人に応援される人」「自分の得意なこと、好きなことを仕事としている人」ということです。

また浅見さんには、私との共著『ちょっと話してみました』（二〇〇三年一〇月、グラフ社刊）などがありますが、常に、「誰もが応援したくなる人が理想」と言っています。

それらのことも参考にしながら本章をお読みください。

自分ひとりの力でできることは限られています。人生では、人の応援なしには、なかなか成功できないものなのです。仕事でも人生でも、周囲の人の力なしでは大きな成果は上げられないものです。

当然のことですが、人に好かれて応援してもらうと成功しやすくなります。

しかし、何か特別な気持ちがなければ、人は他人の応援などしないものです。人間関係のなかでの貸し借りや、気持ちが伝わることによって人は他人を助けようと思うようになるのです。

誰かに応援してもらおうと思ったら、相手の心をいい意味で動かさなければなりません。相手に自分の気持ちが伝わるような生き方をしていなければならないのです。

人に好かれて応援してもらうようにするためには、まず前章で紹介した「洗心」の生き方をすればいいのですが、それとともに一番に気をつけなければならないのは、人前で自慢話をしないことだと思います。

人は、他人のことは、特別に興味のある人の話しか聞きたがらないものです。したがって、どんな人も求められたとき以外は、自分のことはあまりしゃべらないようにしたほうがいいといえそうです。とくに自慢はしないことです。ほとんどの場合、嫌われます。日本人はとくに、自慢する人を嫌う傾向が強いといえそうです。

私は、船井総研内部の会議や研修会、講演など人から依頼があったとき、また新しい会社などをつくってみんなを一体化させて引っ張っていかなければならないとき以外は、ほとんど自分のことは話さないようにしています。著書のなかでも「私が」という言葉をなるべく使用しないほうがいいようです。とくに、日本人の前では自慢に聞こえるような話はできるだけしないほうがいいでしょう。

自慢したいときは、自分の母親の前ですればいいのです。母親だけは、わが子の自慢を、喜んで聞いてくれます。夫婦であっても自慢は禁物のようです。いわんや他人の前で自慢をすると、いっぺんに嫌われてしまうことになりがちです。

これが、人に応援してもらうための第一のポイントで、嫌われないということです。

そして第二のポイントは、人を喜ばせることです。

仕事の関係があるから応援するとか、義理があるから応援するというのもありますが、心の底から応援してもらわないとプラスになりません。そのためには、常に人を認め、褒め、愛し、与え、上手に活用し、喜ばせて、さらに相手の嫌がることは、なるべくしないことでしょう。それを続けていると、多くの人が応援してくれるようになります。

人の心は鏡のようなものです。笑顔を向ければ笑顔が返ってくるし、怒りの表情をしていると、怒りが自分に向いてきます。嫌いだと思っている相手は、次第に自分を嫌いになるものです。

相手が喜ぶことをしてあげると、それは最終的に自分に返ってきます。

コーヒー用フレッシュクリームの「スジャータ」で知られるめいらく（名古屋製酪）会長の日比孝吉さんは、天理教の熱心な信者です。天理教の教えに従い、無臭にんにく「蓬莱」を五〇歳以上の人に無料で配るようになってから同社は大きく業績を伸ばしました。すでに二〇万人以上の人に定期的に配布しているもようです。私にも送ってくれています。人は、自分を応援してくれた相手は応援したいと思うようになるものです。その逆も当然あります。

そのためには、なるべく人に嫌われるようなことをしてはいけません。どんなに親しい間柄でも、悪口を言ったり、欠点を指摘したり、足を引っ張ったりしないほうがいいでしょう。逆に、能動的、積極的に人を応援して喜ばせてあげてください。

人への好意は、必ず自分に返ってくるものです。

相手が本当にして欲しいと思っていることをしてあげる。これが応援してもらうコツ。

私は、たとえば医者でいえば、「気」を病気の治療に取り入れた矢山利彦さん、「歯中枢説」の村津和正さん、オーリングテストを参考に指テストを用いて独自のガン治療法を開発した名医、横内正典さん、西洋医学に東洋医学を取り入れた治療をしている、いま人気の櫻井正智さんなどを応援してきました。

それぞれ方法論は違う人たちですが、この四人は私が知りたいと思っていることを教えてくれます。そしてなにより、私を応援してくれます。彼らが私のことを悪く言うようなことはないでしょうし、私も彼らの悪口を言うことはありません。

こういうことは、お互いに自然にわかるものです。だから、自然に応援したくなります。自分を応援してくれる人を応援してあげたくなるのは当然のことといえるでしょう。

人を応援する方法には、さまざまあります。場合によってはお金が必要なこともあるかもしれませんし、精神的な支えが必要なことがあるかもしれません。もしかしたら、自分の知っている人をちょっと紹介するだけで十分かもしれません。

要するに、相手のして欲しいと思っていることをしてあげればいいのです。

だからといって私は、人から頼まれた寄付と個人的な借金の依頼にだけは絶対に付き合わないようにしています。しかし自分から寄付することはよくあります。

一週間に一つか二つ、寄付の依頼がきますが、最近はけっしてしません。宗教関係の寄付の依頼もよくありますが、お金というのは働いて稼ぐもので、もらうのが平気になっては困ります。借金は、悪いことではありませんが、それは専門機関から借りるべきで、個人から借りるとロクなことがありません。

国や地方自治体も税金に頼って、しかも赤字を累積させているのですから、これはとんでもないことです。日本という国や地方自治体にはさまざまな財産があるのですから、経営の勉強をしてそれで事業を起こせば儲かるはずです。

もし日本という国の経営を私に任せてくれたら、儲かるシステムをつくって稼げるようにできると思います。税金に頼るなど、政治家や官僚の頭のなかを疑いたくなります。

それでは具体的に、人を喜ばせるためにどういうことをすべきなのか、考えてみることにしましょう。

大型和風料亭を経営している藤田善規さんという方がいます。彼は京都の祇園で「おいしんぼ」というお茶屋を経営している人ですが、五、六年前に幸塾という私が創った勉強塾の代表世話人になってくれました。幸塾は、入塾金も塾の費用も原則として無料です。

それの打ち合せで東京に出てこなければならなくなったためか、藤田さんは二〇〇二年に、東京の神楽坂においしんぼの支店を一つ出しました。それが繁盛したので、いま神楽坂に四店、赤坂に一店出して話題になっています。わずか二年余りのあいだのことです。「ぎをんおいしんぼ神楽坂店」「京都ぎをん個遊空間桃仙郷」「京都ぎをんおいしんぼ赤坂別邸」「京都ぎをん久露葉亭」「京都ぎをん和Ｒａｋｕ」の五店ですが、全部繁盛しています。

藤田さんが幸塾の代表世話人になった数年前の彼のグループ店の年商は一億五〇〇〇万円くらいでしたが、東京に店を出し始めた二〇〇二年は約四億五〇〇〇万円となり、二〇〇四年には一一億円になりそうです。さまざまな雑誌に毎週記事が掲載されるほどの有名店になりました。

幸塾の代表世話人ですから、私のところによくきますが、きては質問し、要点を丹念にメモして帰ります。藤田さんに成功の秘訣を聞いたら、「船井先生が言う通り実行しただけです」と言います。

さらに聞くと、どの店にも座敷があるので、店をオープンする一週間前から、店の従業員を全員泊まりこませ、一緒に生活をさせるというのです。

藤田さんも一緒に寝泊りして、「愛し合おう、助け合おう、認め合おう、褒め合おう、活かし合おう、できたら分かち合おう」と、みんなで誓い合うというのです。

これは、全員を一体化させる方法です。そうすると、とても店のサービスがよくなるということですが、これは当然です。

祇園のお茶屋の味ですからおいしいし、飲んで食べて一人前で一万二〇〇〇円、ちょっと安くあげようと思ったら六〇〇〇〜七〇〇〇円で十分です。

しかし、なによりもお客を喜ばせているのは、従業員が一体化した、もてなしのサービスです。お客がして欲しいと思うことをきちんと押さえていて、その素晴らしいサービスの積み重ねが、大勢のお客をひきつけているのでしょう。

一言の挨拶で人は気持ちよくなる。熱海の活性化へ向けてオープンワールドでする提案。

私はいま熱海に住んでいますが、昨年までの十数年、東京の高輪パークマンションの住人でした。大きな品格のあるマンションで、有名な人も多く住んでいます。ただ、隣近所との付き合いはほとんどありませんでした。

そこでまず、廊下などですれ違ったときに挨拶し、一言ずつ話すようにしてみました。するとみんな挨拶してくれるようになりました。

十数年住んだマンションでしたが、隣にどんな人が住んでいるかわからなかったし、ゆっくり言葉を交わしたこともありませんでした。しかし、ちょっと心掛けを変えて挨拶すると、みんな応えてくれたのです。

私がこんなことを始めたのは、二〇〇三年一〇月頃、門脇みとせさんが社長、中山栄基さんが専務を務める「やつか」という会社を訪問してからのことです。

「やつか」は、生物ミネラルの研究・開発で有名な会社で、島根県の八雲村にあります。この村は松江市の南隣にあって、自然が破壊されていない小さな山村です。「やつか」を訪問したとき、村内をあちこち歩き回ったのですが、どこに行っても、村の人たちと出会うと、みんな挨拶してくれました。それが、とても気持ちよかったのです。

いいと思ったらすぐに実行に移すのが私のくせですから、すぐに東京の自宅マンション内でやってみたところ、みんなすぐに挨拶を返してくれるようになりました。

私のオフィスがある芝シティビルでも、エレベーターに乗り合わせた人に「こんにちは」と挨拶すると、最初は怪訝な顔をしていた人も、次に会ったときには自分から挨拶してくれるようになりました。

このように、日常生活から積み重ねて人を喜ばせることができるようになると、だんだん応援してくれる人が増えてきます。

ほんの一言でもいいですし、言葉が出なかったら最初は目礼するだけでもいいのです。しばらくすると、自然に言葉を交わすことができるようになるはずです。

私は二〇〇四年一月に、港区高輪から静岡県熱海市に引越しました。この引越しが決まる前、熱海市長の川口市雄さんから、熱海の活性化にお知恵を拝借したいとお話がありました。市長と一緒に食事していて、「熱海はどうしたらいいのでしょうか」と言われたので、私は次のように話しました。

「熱海の人たちは、人と顔を合わせても、知人以外には挨拶をしない人が多いように思います。市民が誰にでもニコッと笑って挨拶するような運動を始めたらどうでしょうか」

観光地というのは、あちこちから人が集まってきますから、なかにはぼったくりのような商売をする店もあって、人相の悪い人もたまにはいます。お客は、楽しむためや休養にきてくれるのですから、無愛想な人たちの顔を多く見たら、もう二度と行きたくないと思うようになります。しかし、顔を合わせる人、通り過ぎる人のすべてに明るい表情で会釈でもされたら、いい気持ちになります。

「そうすれば、また行ってみたいと思う人が増えるでしょう。リピーターになるのです。そういう人は熱海のファンになって応援してくれるでしょう」と市長に言っておきました。

私は、二〇〇四年四月四日、五日の両日、熱海で開催される花の博覧会に合わせて「船井幸雄・オープンワールド」を開催しますが、そのときに、熱海の活性化策の基礎として、この提案をしたいと思っています。

親身になって相手のことを考えられる人には、応援してくれる味方ができる。

人を喜ばせるということについては、たとえば営業マンとお客の関係、職場の上司と部下の関係でも同じです。

一番上手な営業の方法は、先に「プロローグ」で紹介した全面的個別対応です。

船井総研の顧問先企業は二〇〇三年の一年間で三〇〇〇社くらい増えて、いま八〇〇〇社以上もあります。そういう企業が船井総研に期待していることのひとつに、まさかのときに私の人脈を使わせて欲しいということがあるようです。

たとえば、末期ガンで悩んでいる人には、漢方薬や気功、指テストなどで末期ガンの治療方法を開発して成果をあげている横内医院の横内正典さんを紹介して欲しいということもあるのです。

こんなことは、ふつう誰に相談していいかわからないことですし、誰かに相談したとしても、横内さんにはなかなか診てもらうことはできません。末期ガンの当事者や、家族に末期ガン患者を抱えている人にしたら、本当に藁をもつかみたいような気持ちでしょう。

船井総研の社員も、月に何人かは横内さんのところを訪ねているようです。顧問先の知人や自分の親など家族がガンになった多くの人々から、横内先生を紹介してくれと、よく頼まれます。

経営のことだけでなく、このような個人的なニーズにまでしっかり対応してあげたら、これは特別に喜ばれます。

どんな仕事でもいいのです。仕事以外のことでお客のニーズに応えてあげると、そのお客はまさかのときに応援してくれる味方になってくれるものです。

船井総研のコンサルタントたちによく言っていることがあります。

「もしお客さんが君らに一言連絡してきたら、御用聞きになったと考えて、必要なものは全部そろえて届けてあげる。旅行に行きたいといったら切符から宿、オプションのツアーの手配までしてあげる。もし必要だったら、娘の結婚式場の手配から、弁護士の紹介まで、なんでもしてあげる。こんなことはまさかできないだろうというようなことをしてさしあげれば、それをしてもらった人は絶対に忘れないよ。できるだけ世話をしなさい」

仕事に関することは当然のこと、マニュアルにはないような個人的な要望にまで丁寧に対応してあげると、してもらった人は本当の意味で感謝してくれるものです。

ふだん、このように行動している人には、いざというときに応援してくれる人がたくさんできています。やはり常に親身になって第三者のことを考えている人、動いている人のほうが成功するのです。

これは、お客との関係でも、上司と部下の関係でも、友達との関係でも同じです。夫婦関係も、家族関係もけっして例外ではありません。

面倒くさいと思うことを即時処理できる人は、お客の信頼を得られる。

昔は人材を輩出する企業として、「住友銀行、野村證券」の名がよくあがりました。しかし、最近は「オリックス、リクルート」といわれています。

以前、住友銀行や野村證券にいた人は、徹底的な客志向の考え方をたたき込まれていたようです。住友銀行からアサヒビールに乗り込んでビール業界首位の座をキリンビールから奪回した樋口廣太郎さんは、その典型といっていいでしょう。野村證券の副社長から、国際証券の社長になった豊田善一さんも同様です。よく、お二人からは、「客志向」の究極のあり方を教えてもらいました。

しかし、バブルが崩壊し始めた一五年前あたりから、その伝統はかなり薄くなってしまったようです。とはいえ、ほかの会社よりは素晴らしい社風がこの両社には、いまも残っています。

マツダは、フォードの傘下に入っていますが、マツダをここまでもってきたのも、住友銀行から派遣された人たちでした。私の親友で、住友銀行からマツダに派遣された伊藤忠彦さんはなかでも出色です。

その後、伊藤さんは関西銀行の頭取として、関西さわやか銀行との合併を二〇〇四年二月に成し遂げ、いまは両行が合併してできた関西アーバン銀行の頭取を務めています。

彼を含めて、住友銀行社員の考え方と仕事の仕方がどんなものだったのか、私の経験から話しましょう。

私の母は、阪神大震災のときに宝塚市に住んでいたのですが、仏壇がベッドの上に倒れ、それがもとで自由に歩けなくなりました。一緒に住んでいた息子夫婦で面倒をみることができなくなったので、東京へ呼ぼうと思ったのですが、本人が東京は嫌だと言います。

そこで、親しくしていた住友銀行の元守口支店長だった宮川元司さんに頼んで、彼が支店長時代から親しかった医師が院長をしている守口の老人病院に入りました。

病院で母はそれなりの生活をしていたのですが、私と同じで気が短く完全主義者だし、九〇歳近くでしたから、ときどきは機嫌が悪くなったりします。ある日の夜一一時頃、東京の私宅に電話がかかってきました。入れ歯を落としたので探してくれというのです。

看護婦さんに探してくれと頼んだのですが、明日の朝でいいでしょうと言われたといいます。しかし、どうしても気になるので探して欲しい、お前から院長先生に頼んでくれというわけです。

最初、大阪にいる私の弟と妹に電話して探しにきてくれと言ったそうですが、「明日の朝行くから、それまでは食事もしないでしょうから辛抱してください」と言われたようです。しかし、九〇歳に近い老人ですから、気になってしようがないらしいのです。

そこで私は、病院を紹介してくれた宮川さんに夜中でしたが、院長に言って宿直の看護婦さんに伝えて欲しいと電話をしました。私は気になることはすぐにする主義です。私の母親がこんなことを言っているから上手に宿直の人に頼んで欲しい、とお願いしたのです。

そう言って電話を切ってから、四〇分くらいしたときに宮川さんから私宅へ電話が入りました。

「いま病院にいます。おばあちゃんの歯は探して渡しましたからご安心ください。おばあちゃんは喜びましたよ。電話で院長に頼むより自分できたほうが早いから、家から飛んできました」と言うのです。

実の息子や娘でも翌朝でいいと思っているのに、元支店長の宮川さんは、私の電話で午前零時過ぎに病院へ飛んでいって入れ歯を探してくれたのです。これが住友銀行の社員の特性でした。野村證券にも、同じようなことのできる人たちがいました。

住友銀行や野村證券は、こんな社員が多くいたから強かったのです。いまは、それが少なくなってしまいました。

私は船井総研の社員にこの話をして、どこに対しても、いつでも、この住友銀行の元支店長の宮川さんのような対応ができるように、と言っています。

どんな面倒くさいと思うことでも、その場でやったほうがよいことがあります。これをあとに回そうなどと考える人はちょっと問題です。また、お客の信頼も得にくいものです。このような実例を山ほど見てきましたので、私は船井総研の社員たちに、そういうくせをきちんと身につけてもらうようにしてきました。

昔、住友銀行が輩出した人材は、お客のために自分をなげうって働くことのできる人たちでした。これが、本当の意味での顧客サービスです。ここまでできれば、どんな人でも喜んで応援してくれるようになります。その意味で、関西アーバン銀行の伊藤頭取の指導力に、大いに注目と期待をしています。彼は自分を投げだせる人だからです。

人間というのは、世のため人のために働くように生まれてきた。

住友銀行や野村證券はいまやかつてほどではなくなりましたが、その代わりいまではオリックスやリクルートが素晴らしい人材を供給するようになっています。その代表が、福岡ダイエーホークス社長の髙塚猛さんです。彼は素晴らしい男です。

髙塚さんは、リクルートのビジネスモデルを確立した『週刊就職情報』『週刊住宅情報』の生みの親で、二九歳のときに廃業寸前の盛岡グランドホテルをわずか一年で黒字化して超優良企業に育て上げました。

さらに、ダイエーの中内㓛オーナーの招請で福岡ドーム、シーホークホテル&リゾート、福岡ダイエーホークスの経営に携わって、七八億円の経常赤字をわずか一年半で三億円にまで圧縮しています。

船井総研の社員はふつうの会社員の三倍強の仕事を与えることによって鍛えてきましたが、髙塚さんのところの従業員は、うちの社長はいつ寝ているのかわからないほど働くと言っています。

髙塚さんは、リクルート福岡営業所の所長、就職雑誌の編集長、ホテルの支配人、球団社長など、さまざまな仕事に生命がけでこれまで取り組んできたし、いまも頑張っています。永年の付き合いなので、彼の仕事ぶりはよく知っています。

髙塚さんは「再建屋」と異名をとるようになりましたが、彼の素晴らしいところは、けっしてリストラをしたりコストカットをしたりしないことです。彼の経営哲学は、著書『ならば私が黒字にしよう』（二〇〇三年八月、ダイヤモンド社刊）、『商売魂』（二〇〇三年九月、サンマーク出版刊）などで詳しく紹介されています。

『ならば私が黒字にしよう』の「はじめに」で、髙塚さんは次のように述べています。

「大切なことは『現状』のまま黒字にすること。地域社会やそこで働く人たちを守る。その上で会社が変わっていくことが、真の黒字ではないか。……資産を売却して借金を棒引きにすること。これは真の黒字ではないと言いたいのです。

社員の大幅なリストラをおこなったり工場を売ったりすれば、たしかに、会社としては赤字が減り経営状態が大きく改善されたように見えるでしょう。

それでは、工場が閉鎖された町のその後の経済や、リストラされた社員たちの雇用はどうなるのでしょうか。そこから新たな社会問題が発生するでしょう」

彼にはまさに、現代の利益至上主義の経営とは一線を画す哲学があります。さらに高塚さんは次のように続けています。

「利益とは会社の『志』そのものだと思います。不当に利益を得ることや、独りよがりに国富を増やすことは間違っています。会社の『存続のための手段』として利益があり、利益とは『社会に還元していくもの』、社会のために利益を上げていくのが会社と経営者の使命であると私は声を大にして言いたいのです」

人間というのは、自分の特性を活かし、それを伸ばして、自分のため、世のため、人のために働くように生まれてきたといえそうです。高塚さんは経営の天才ですが、それはこの哲学と猛烈な働き方で支えられているのです。

いま多くの人は、汗水を流して働くより、人から奪ったほうがいい、ゼロサムのゲームをして儲けたほうがいいと考えています。それがグローバル・スタンダードといわれている考え方ともいえそうです。

アメリカ人がとくにこのような考え方になっていますが、このような考え方は人の特性を考えると、本質的に間違っているといっていいでしょう。それにこういうやり方をしている人には、やがて誰も応援などしてくれなくなります。心したいことです。

成功の第三原則

「宇宙の理」に従う生き方をしよう!

「地球の理」に従っていると、それだけで衰退してしまう。「宇宙の理」に従おう。

いま、地球を動かす基本的なルールが変わりつつあるように思われます。この新しい地球のルールに従わないビジネスや生き方は、これからうまくいかなくなるといえそうです。そこで本章では、このルールについて説明することにしたいと思います。

宇宙には、「宇宙の理」といわれる法則があって、すべてがそれに従って動いています。「宇宙の理」とは「自然の摂理」といえばいいでしょう。

しかし、地球上では「宇宙の理」に従いながらも、地球独特の別の法則もつくってしまいました。それが、「地球の理」と私が言っているルールです。しかも、いままで「宇宙の理」よりも「地球の理」のルールのほうを優先させてきました。

たとえば、宇宙には寿命などありません。すべて永遠です。したがって、時間などもないといっていいのです。過去も現在も未来も一緒に存在しているといってもいいくらいです。しかし、地球には時間があって、それが一方向にしか進みませんから、年をとったら死んでしまうし、やってしまったことは取り戻すことができません。

地球には、「競争は善である」とか「自分がもっとも大事である」「エントロピーは増大する」などの理屈がいっぱいありますが、「宇宙の理」には、こんな理屈はありません。したがって、ここ二〇〇〜三〇〇年、真理とかけ離れて世の中がどんどんおかしくなってきたのです。

最近、「宇宙の理」のことがわかりはじめ、「地球の理」がなぜできたか、どう考えればいいかもわかってきました。拙著『この世の役割は「人間塾」』（二〇〇三年八月、ビジネス社刊）や『超資本主義 百匹目の猿』（二〇〇三年一〇月、アスコム刊）、『イヤシロチ』（二〇〇四年二月、評言社刊）などをぜひ本書とともにご一読ください。それがどんなことか、おわかりになると思います。

最近は、この両方の「理」にともに合わないことはうまくいかなくなりました。ここ一〇年来、「宇宙の理」に合っていて、なおかつ「地球の理」に従っていなければ成功しない時代になってきました。さらに、近未来には「地球の理」よりも「宇宙の理」が地球上でも中心のルールになりそうだといっていいようになってきました。
「地球の理」は、まさに地球の上だけでしか通用しない特別な「理」ですが、「宇宙の理」とイコールの部分もあります。たとえば「すべては生成発展する」などというルールは同じです。

一例を、「自由」でもって説明しましょう。

これまで地球では、人類が法律、そしてタブーをつくってどんどん不自由な世界にしてきました。いま日本では、法律や規制ができて、日々、不自由になってきています。しかし、近未来にはそういう制約は廃れていくことになるでしょう。二〇～三〇年後には法律や規制がなくなり、何もかも自由になっている可能性もあるのです。

本来「地球の理」は、「宇宙の理」に従った、その許容範囲内のものでした。しかし、人類のエゴの発生によって地球自体が閉鎖系の星になり、「宇宙の理」に反することを実現させたために、変な「地球の理」ができてしまったと思われます。

しかし、「宇宙の理」に合わない「地球の理」や「ルール」は、結局は潰れてしまうことになりそうです。そのように近年になって地球が変わり始めました。

たとえば「成功の第一原則」で説明したエゴなどは、その典型といっていいでしょう。

「宇宙の理」では本来許されないはずの「自分が何よりも大事」という変な「地球の理」ができてしまったのです。しかし、これでは地球にも人類にも将来性がありません。地球がこのような考え方を否定し始めたと思える現象が数多く出てきました。

ですから、エゴに基づく考え方、エゴに基づくもの、エゴに基づく世界は、近い将来、潰れることになると思えるのです。

このようにいえるのは、最近の地球の変化を冷静に判断した結果です。シューマン振動波の周波数上昇、フォトン・ベルトへの突入、地球の環境破壊など、いまとんでもないことが地球に起こっています。先に紹介した拙著などお読みいただき、現実を読者に十分に理解していただきたいと思います。

ともかくこれからは、いままでのように「地球の理」にだけ従った生き方やビジネスは、自然に淘汰されていくことになるでしょう。エゴ中心にしか物事を考えられない人は、他者から応援してもらえないだけでなく、間違いなく生きにくい環境になるでしょう。「宇宙の理」の生き方をできるだけ早く身につけなければ、ビジネスも人生もうまくいかない時代が目前にきています。ともかく、ここではこのことをまず知ってください。

エゴに基づいて動いていたシステムが、どんどん破綻し始めている。

私がこの「宇宙の理」の存在に気がついたのは、もう一五年くらい前のことでした。

人間のＤＮＡの嫉妬心のスイッチは、なぜかオフからオンになって、ここ何十万年間はオンになったままでです。一〇〇万年前は間違いなくオフだったのです。ところがいま、嫉妬心のＤＮＡのスイッチがオンからオフに変わろうとしつつあるように思います。これは、エゴに基づいて動いていたシステムが、次第に破綻し始めていることなどからもわかります。詳細は拙著『この世の役割は「人間塾」』を読んでください。

たとえば日本では、消費者の期待を裏切った雪印をはじめ食品業界はいま、大変革の最中です。食品の表示や流通などで、嘘やごまかしが通用しなくなりつつあります。

また、戦後の一時期、あれだけ急成長したダイエーがいま、苦しんでいます。

大手の量販店は、はっきりいって多くの取引先をいじめて発展してきました。年度末になると、来年も取引を続けたかったら、取引額のなかから何パーセントかリベートをよこせなどと、ヤクザか悪質な公務員のようなことも、多くの大手量販店はやってきました。流通業界では、こういうことが繰り返されてきたのです。

今度、消費税が内税になりますが、この外税から内税への移行にあたっても、いま、流通の下請け、すなわち卸やメーカーが厳しい取引条件を突きつけられています。仕入れる側が主導権をもつというと聞こえはいいかもしれませんが、変化のたびに、取引先に条件を突きつけて利益を得てきました。取引先いじめにほかなりません。

ですから、大手の量販店と取引して販売額が増えたのだが、やがてまったく儲からなくなって最後には潰れてしまったというメーカーや卸売業者が数多くあります。

このような話は、流通業界だけでありません。

たとえば、日産は「コスト・カッター」の異名をもつカルロス・ゴーンさんが大規模なリストラと下請けの整理によって業績を回復して喝采を浴びましたが、私は、ああいうやり方は一〇〇パーセント歓迎すべきことではないと思っています。

下請けには廃業に追い込まれてしまったところがありますし、社員もずいぶん辞めさせられました。会社に残った社員たちも、かなり強いストレスを感じているもようです。

いままで、サラリーマン社長は、自分の任期だけなんとかつつがなく過ごすことができればいいという考え方をしがちでしたが、これも許されなくなりそうです。

たとえば山一證券が破綻しましたが、「社員は悪くありません」という言葉を残した野沢正平さんは、社長を引き継いだとき、あまりに財務内容がひどいのを知って驚いたと言っていました。それまでの歴代の社長たちが、自分の任期だけは数字が悪いのを表面化させまいとして、決算を糊塗し続けたのでしょうが、結局破綻することになりました。

このような現象は、日本だけのことではありません。

アメリカでは巨大エネルギー会社エンロンから始まった会計疑惑が、通信大手ワールドコム（現ＭＣＩ）、米複合企業タイコ・インターナショナル、ケーブルテレビ大手アデルフィア・コミュニケーションズ、医療サービス大手ヘルスサウス、さらには連邦住宅貸付抵当公社（フレディマック）へと拡大しました。

これらは、自分だけがよければいいという考え方が通用しなくなりつつあるということを示しています。これまで目先の金儲けのためには良心に反することを平気でやっていたような企業そして人は、どんどん破綻したり、やっていけなくなりつつあるのです。

資本主義はいよいよ断末魔。このままでは人類が破滅してしまう。

いま日米とも、昨年一〇月頃より景気が回復したといっています。とはいえ、マクロには、そのように感じられません。名目成長率は横ばいだからです。

ここしばらくの日本経済の低迷は、世界に先駆けて日本が資本主義の矛盾に直面したことの表れです。一〇年を超えて続く低迷のあいだ、政府は何度も財政出動して景気の立て直しを図りましたが、その成果はいっこうに表れませんでした。正しい経営法に反することをやっていたからです。

また、アメリカも国内経済の立て直しのために、大幅な減税を行ったり、金利を下げたりさまざまな政策をとっていますが、やはり景気はなかなか本格回復していません。

ブッシュ大統領は、その打開のためにといっても言い過ぎではないでしょう、イラクに攻め込みました。アメリカが、テロに対する戦争を宣言して、アフガニスタン、イラクに侵攻したのは、まさに経済政策といえるかもしれません。

このような経済の現状については、二年前に拙著『断末魔の資本主義』(二〇〇二年一月、徳間書店刊)で分析していますので、参考にしてください。

いま私たちが日本で、そして世界で直面している困難は、まさに資本主義の最後のあがきといっていいと思います。

「宇宙の理」と相容れない「地球の理」に一〇〇パーセント則った資本主義は、早ければあと数年間で大変化を起こしそうですし、遅くても二〇二〇年には変質すると思います。

先に「洗心」について述べましたが、そこで紹介した池田邦吉さんはノストラダムスの予言詩を研究していて、解読書を七冊くらい出しています。彼の解釈は時間の読み違いはありますが、どんなことが起きるのか、その事実に関してはおおむね当たっています。

池田さんのノストラダムスの解読については、多くの経済人を含むファンがいます。詳しくは彼と私の共著『あしたの世界』(二〇〇四年二月、明窓出版刊)をご一読ください。少なくとも、このような見方に多くのファンがいることを知っておいて欲しいと思います。

彼によると、地球に大きな変化の主役が現れるのは、次のような年だというのです。

① その年は日本がデフレ下にある。
② イラクではテロが続いているが、親米政権が生まれる年である。
③ 世界中でテロが全盛の年である。
④ 北朝鮮が極度の衰退期にある。
⑤ 異常気象が続き、世界は食糧飢饉の一歩手前まできている(しかし日本は大丈夫)。
⑥ ローマ法王の体調が悪い。

池田さんは、その変化の主役はイタリアのベスビオ火山の噴火だと説いています。その噴火が二〇〇四年以降二~三年内に起きるとみているようです。私は、主役がベスビオ火山の噴火であるかどうかは、疑問だと思っています。

どんなことが起きるかはわかりませんが、大きな天災が近い将来に起きる可能性はあるだろうといってよさそうです。

中国が食糧ならびに原油の輸入国になりました。イラクでの戦争はブッシュ大統領の終結宣言後の米兵死亡者数が宣言前を大きく上回りました。北朝鮮はかなりひどい状態になっています。また、日本のデフレは若干その進行がゆるやかになることはあっても、そんなに簡単にインフレ経済が戻ってくることはなさそうです。

池田さんの解読では、ローマ法王が交代する年の七月に大天災が起きるというのですが、この予測もけっして否定できない状況のようです。

私の知人には体外離脱をして未来を見てきた人がたくさんいますが、そういう人たちの意見の半分くらいは、ほぼ一致しています。それらから推測しても、ノストラダムスが未来世界をのぞいたのは、そしてそれを予言詩にしたのは、まず間違いないと考えていいと思います。

ただし、ノストラダムスが見た未来と現在の未来は、人間の時間に対する意識が変わっているので、かなり違う可能性があります。しかし、ポイントのところは変わっていないと考えられます。

いま酸性雨や乱開発による森林破壊の進行を見ていると、人間がよほど未来のために気をつけ、そして心掛けを変えなければ、地球の住環境はあと二〇年ももたず、破滅状態になるのではないかと思います。それは人類の破滅をも意味しかねません。

「宇宙の理」に基づかないアメリカン・スタンダードは、一考を要する。

何度も述べたように、近い将来「宇宙の理」と対極にある「地球の理」、あるいは「宇宙の理」と矛盾する「地球の理」などはこの地球上では通用しなくなるだろうと思います。その傾向は、一九八〇年代半ばからすでに起こりつつあったといえます。

結論から言うと、「地球の理」のよいところは「宇宙の理」に包含されると思います。これまでの地球上の文明のよさをすべて包括したまま、人類はこれから成長することになるでしょう。

どうして、いま資本主義が崩壊しそうなのか、また大天災が起きつつあるエビデンス（証拠）については、いま私が同時並行で執筆している『必ずこれからこうなる　だからこう対処しよう』（二〇〇四年三月、徳間書店刊）で詳しく説明していますので、参考にしてください。

地球という星は、鋭い意識＝心をもっていそうです。そう考えると、いま地球自体が変わりたいと思っていることは、科学的データから間違いないと思えます。また、宇宙にも地球を変えたいという意志があることは、フォトン・ベルトの接近が指摘されていることや太陽の異変から間違いないようです。また、何割かの人たちも、エゴ中心の思考、行動を変えなければならないとわかってきているようです。

一〇年前くらいまでは、自分だけよかったらいいという考え方でも、ビジネスや人生は成功しました。有名な経営者の大半は、そういう人たちでした。その頃までの地球の仕組みは、そういう人たちが成功するようになっていたのです。

しかし、その仕組みが、いま大きく変わりつつあるのです。

アメリカン・スタンダードを導入すると業績悪化するのが日本企業の一般パターンだと「Splendid 21」を使うとよくわかるのですが、これからはアメリカ流の経営ノウハウを導入するのは要注意です。

一例として、ダスキンを考えてみましょう。

駒井茂春さんが社長をしていた頃までのダスキンは、日本的経営で超優良会社でした。

彼が亡くなってから千葉弘二さんが社長に就任して、アメリカ流の経営手法を導入したようです。これは、多くのダスキンの社員から聞いたことなので確かだと思います。

ダスキンではさまざまなスキャンダルが続出しましたが、これはアメリカ流の経営が同社に合わなかったからともいえそうです。創業者の鈴木清一さんの理念や駒井茂春さんの思想が否定されたように、社員には感じられたようです。

昔のダスキンは、損の道と得の道があったら、損の道を選びました。それが、同社の成功の秘訣だったのに、エゴと利益最優先のアメリカ流経営に変わったように見えたと何人かの関係者が述べています。いま、何が正しいかにダスキンは気づいたようですから、これからよくなるでしょう。

このような意味で日本的経営というか近未来的経営を続けている企業としては、佐々木繁明さんが会長を務めているオタフクソースがあげられます。同社は裁判などで訴えられたときには、一〇〇パーセント負けてあげるというのです。この思想のためか、素晴らしい勢いで伸びています。

いまはまだ「地球の理」も強く残っていますが、一〇年も経つと「宇宙の理」に合わない「地球の理」は急速に通用しなくなるでしょう。それを知って欲しいのです。

複雑・不調和から単純・調和の時代へ。いま世の中が変化し始めている。

ここで具体的に「宇宙の理」、そして「地球の理」とはどのようなものなのか、対極のものを取り上げて説明しましょう。

まず、次に並べた上下二つの言葉を比べてみてください。

①複雑　　単純
②不調和　　調和
③競争・搾取　　共生（協調）
④秘密　　開けっ放し
⑤束縛　　自由

⑥不公平　　　　　　　　公平
⑦分離　　　　　　　　　融合
⑧デジタル　　　　　　　アナログ
⑨ムダ・ムラ・ムリが多い　効率的でムダ・ムラ・ムリがない
⑩短所是正　　　　　　　長所伸展

上に並べた言葉が「地球の理」の行き着くところです。それに対して下の言葉が「宇宙の理」そのものと考えてもらえばいいでしょう。

これからは急速に「宇宙の理」に合わない「地球の理」や、それに従ったものは衰退していき、上のような生き方、ビジネスを行っていると破綻することになると言いたいのです。

これらのキーワードについて、一つずつみていくことにしましょう。

まず、①の「複雑」と「単純」です。

ともかく社会は、資本主義の成熟に従いどんどん複雑になってきました。とくに、この一〇〇年ほどの変化はすさまじいものがあります。

まず、経済の仕組みがとても複雑になりました。

バブル崩壊後しばらくのあいだ、さまざまな経済研究所が出す経済成長率の予測を人々は気にしていましたが、最近は経済人たちは、そういう数値を無視するようになりました。経済を動かすファクターがあまりにも複雑になり、さらに予測のベースとなる経済理論が現状に追いつかなくなってしまったからです。

また金融の世界も、金融工学の発展で素人にはさっぱりわからなくなってしまいました。デリバティブなどは、その典型です。ゲームのような理論による複雑な仕組みは、まともな人から相手にされなくなりつつあります。

やはり、単純明快でなければならないことがわかってきたようです。

経済の構造はとても複雑なものになってきていますが、複雑なものほど早く崩壊するでしょう。

科学も、どんどん細分化することによって発展してきました。

たとえば医学は、臓器、細胞レベル、分子レベルでの研究が進んでいますが、人全体を診るという点では、ずいぶんかけ離れたものになってしまいました。そこでホリスティック医学（全人医療）など、医療のあり方を見直す動きが出てきています。本来の医療に回帰し始めたともいえます。

②の「不調和」と「調和」は、地球環境の破壊を考えれば、誰にもわかります。

いま人間のエゴによって、水は汚染され、温暖化が進み、オゾンホールが拡大していきます。

一方、ブッシュ米大統領が対テロ戦争を宣言して、アフガニスタン、イラクに侵攻したことによって憎しみの連鎖が拡大しています。エゴに基づく考え方は、貧富の差、南北格差、デジタルディバイドなどの拡大となって、人間社会の調和を乱すようになってしまいました。

一日も早く、合法的なら物を奪うのもよいことだなどという考え方をなくし、調和をもって共存できるようになりたいものです。

「競争は善」というのは誤り。かつての日本にこそ、「共生」の生き方の手本がある。

③の「競争・搾取」と「共生（協調）」については、「競争は善」という考え方が信仰のように多くの人にあるので、ここではとくにその誤りを指摘しておきたいと思います。

いま日本では構造改革の名のもと、さまざまな分野に「競争原理」を導入しようとしていますが、これは行きすぎると人間社会の調和を破壊することになります。とくに日本人は、競争が苦手ですから気をつけるべきでしょう。

アメリカでは、たった一パーセントのお金持ちがアメリカの資産の四〇パーセントを所有しています。また、私たちがグルメ志向といっておいしいものを食べているいまも、世界では毎分二八人、年間一五〇〇万人の人々が飢えて亡くなっているといわれています。

このような不公平は、エゴに基づく競争原理によって、強い者が弱い者から奪うことを容認した結果ともいえるでしょう。

日本は中流意識の強い国です。「国民総中流」などという言葉がありましたが、バブル崩壊後のグローバル・スタンダードの導入によって、自分の生活水準が世間一般と比べて低いと感じる人が増えてきました。

東京大学東洋文化研究所の猪口孝教授の調査(アジア・バロメーター)では、自分の暮し向きが「やや下」「下」と答える人が合わせて三割で、調査を行った日本、韓国、中国、マレーシア、タイ、ベトナム、ミャンマー、インド、スリランカ、ウズベキスタンなど一〇カ国のなかで日本が最高だったそうです。

これは、バブル崩壊後のリストラ、さらにはフリーターの増加と無縁ではありません。厳しい競争のなかで振り落とされた人たちが、大きな不満を抱えているということでしょう。

さらに、最近の不況のなかでも、都心の高層高級マンションが即日完売するほどの売れ行きです。これは新富裕層の登場を意味します。日本もアメリカのような競争・格差社会へ向けて確実に進んでいるようにみえますが、これは考えものなのです。

もちろん、よい意味でのある程度の競争は、プラスになることも多いものです。とはいえ、競争をしなくても人間はちゃんと生成発展しながら生きていくことができる生物です。

かつての日本の農村に、その共生の生き方の素晴らしい手本があります。

農業には繁忙期と農閑期があります。稲作地帯では、田植え、稲刈りなど、一時的に人手が必要になることがあります。こんなときは、村民が順番を決めて力を合わせて農作業にあたりました。

また、自分の家でつくった野菜など、食べきれないものは近所の家に配って歩いたものです。さらに、「無尽」という独特の金融システムももっていました。

このような日本の伝統的な共生の生き方などについては、拙著『超資本主義 百匹目の猿』（二〇〇三年一〇月、アスコム刊）に具体的に紹介しておきました。ぜひご一読ください。

宇宙には、マクロにいえば競争はありません。人間社会でも競争のないほうが進歩が早い……という研究も出ています。アルフィ・コーンの『競争社会をこえて』（一九九四年六月、法政大学出版局刊）などをご参照ください。

日本人はとくに、競争より和の好きな人間なのです。いまこそ、自分たちの足下をもう一度見直し、生き方を考え直すべきときだといえるでしょう。

次に、④の「秘密」と「開けっ放し」について、考えてみましょう。

いま企業は、「秘密」をベースにビジネスをしています。その代表が特許です。

これは開発者の権利を保護するための制度ですが、同時に多くの一般人が公開されない発明や発見で不利益をこうむっています。発明の恩恵を受け取りにくくなっているし、恩恵を受けるために大きな負担を強いられています。

本来、発明や発見は、人類共通の財産であるはずです。

なかには、世界各地に伝わる民間療法や秘伝の薬草の成分を研究して、特許登録してしまう企業まであります。その権利は、本来その秘伝を伝えてきた人たちのもののはずなのに、先進国の企業が特許というシステムを利用して横取りしてしまうことも多いのです。

本来、情報はみんなで共有し、ともに発展するようにしなければならないはずです。

⑤は、「束縛」と「自由」です。

人類は、その社会のシステムを維持するために、さまざまな法律やタブーをつくって、自由を制限してきました。人間のエゴが強過ぎ、自由にしておくと社会秩序が維持できないからです。際限なく拡大するエゴにストップをかけるために、「束縛」が必要なのです。

しかし、エゴがなくなっていけば、「束縛」は必要なくなります。早く人間は、本来の

「自由」な生き方を取り戻したいものです。

⑥の「不公平」と「公平」については、③「競争・搾取」「共生（協調）」のところで、すでに述べた通りです。

グローバルスタンダードの導入が「不公平」に拍車をかけ、多くの矛盾を増加させることになりましたが、今後エゴが少なくなれば競争がなくなり、与え合う社会が訪れるでしょうから、強者も弱者もない「公平」な社会がつくれます。

しかしポイントは、果たしてエゴの少ない人間がつくれるかどうかです。時流は間違いなくエゴを人類からなくそうとしていますが、まだ一波乱も二波乱もあるでしょう。

しかしここでは、時流に従って人間のエゴが少なくなるはずだと仮定してペンを進めたいと思います。

日本に元気がないのは短所是正のせいだ。長所伸展こそ、究極の成功法則。

⑦の「分離」と「融合」については、①「複雑」「単純」のところで述べたこととほぼ同様です。「分離」され細分化されて複雑になったのが現代社会ですが、合理性からみても時流からいっても、これからは「融合」によって単純になっていくと思われます。

日本の役所は「縦割り行政」といわれるように権限や管轄が細分化されていて、それが効率的な運営を妨げ、国民のニーズを汲み上げられないケースが多いのですが、これは官僚のエゴによって、より肥大化したともいえます。

セクショナリズムを捨て、国民の真のニーズを国政に反映するためには、「分離」された組織や権限を「融合」し、再編する必要があるでしょう。

次は、⑧の「デジタル」と「アナログ」です。世の中は、もともとアナログ的にできています。さまざまなことを別々にとらえて、その場その場、部分部分で判断していくのではなく、有機的にマクロを見据えるようにすべきなのです。短絡的な判断ではなく、長期的、総合的な視点が必要になります。

これはたとえば、企業の四半期決算を例にとるとわかりやすいと思います。

上場企業は三カ月ごとの決算を義務づけられつつありますが、これはアメリカ流の株主資本主義による情報開示の要求から生まれた制度です。これにより経営者は、長期的な視点から企業の将来展望を描くことができにくくなりました。

このように細かく株主が経営者をチェックする仕組みが必要なのは、人間に強いエゴがあり、人を信じられないからです。

三カ月ごとの決算などが義務化されると、今後、サラリーマン経営者とオーナー経営者のマクロ的意思決定力の差は、これまで以上に開いていくことになりかねません。短期的な判断の積み重ねは、企業の将来を危うくしかねないので、これからが心配です。

⑨の「ムダ・ムラ・ムリが多い」と「効率的」は、まさに資本主義、そして共産主義の本質にかかわっています。

資本主義も共産主義も、数多くの「ムダ・ムラ・ムリ」ができることによって成立してきました。たとえば流通経路などにさまざまな不必要なシステムを組み込むことで、多くの人の生活を支えてきました。その帳尻は消費者が上乗せされた流通経費を負担することで成り立っています。

また、共産主義では、さまざまな階層の党組織が「効率的」な生産、流通の邪魔をしてきました。官僚組織も同様です。

「効率的」になると「食えなくなる」ということで、「ムダ・ムラ・ムリ」の解消には実際上の強い抵抗があります。しかしいまや、IT(情報技術)の発達が、この論理に風穴を開けようとしています。この面からみても、時流の変化は認めざるをえないのです。

⑩の「短所是正」と「長所伸展」は、船井流の究極の成功法則の原点です。

私は常々、「短所是正」は最低限しかしてはならないと言ってきました。

物事がうまくいかないときには、苦手な部分や弱い部分の補強をしなければならないと考えがちですが、長年の経営コンサルタントの経験では、そういうときこそできるだけ短所にさわらないほうがいいことがはっきりしています。自然の摂理を研究した結果から考えると、長所は活かすためにあり、短所はそれに触れないためにあるようです。

バブル崩壊以降、日本政府の政策はすべて短所是正といっていいものでした。小泉首相は構造改革に取り組んで、国民に痛みに耐えるよう我慢を説きましたが、その政策はいっこうに実を結びません。なぜなら、短所是正だからです。

また政府は、「緊急経済対策」など、度重なる景気刺激策をとりましたが、ケインズ流の経済政策はすでに時代遅れといっていいでしょう。どうでもいい公共事業に資金をつぎ込むことは何の意味もありません。これもまさに「短所是正」の典型です。

こういう景気の悪いときこそ、「長所伸展」に取り組めばいいのです。政府はとんちんかんな政策を行ってここ一〇年以上、国民を路頭に迷わせてきましたが、ここしばらく景気が下げ止まったのは、日本がもっとも得意な輸出産業が先導したからです。

このまま景気が回復するとは思いませんが、「長所伸展」が景気回復にも効果がある紛れもない証明です。

これからは、「宇宙の理」に反する「地球の理」は急速に衰退していくでしょう。「宇宙の理」というか、マクロな「自然の摂理」を知って欲しいのです。そうすると、間違いなくいま、二〇世紀のビジネスの仕方、生き方を見直すべきときがきていることに気づくでしょう。考え方を変えて欲しいのです。

成功の第四原則

勉強好きになり
プラス発想しよう！

成功の必須条件は素直、勉強好きで、プラス発想できること。

本書の「成功の第一原則」のところで、一九六六年から一九六七年にかけてコンサルティングの失敗で百貨店をはじめ、いくつかの小売店の経営を悪化させてしまったことについて述べました。一時は、コンサルタントを辞めようと思うほど悩みましたが、「待てよ、何かコツがあるはずだ」と思い直し、成功と失敗についてとことん真剣に研究しました。

そこで気づいたのが、トップ一人で会社の経営は九九・九パーセント決まってしまうということでした。

東レに紹介されコンサルティングした小売店のなかには、簡単に潰れてしまうところもあれば、しっかり対応して伸びるところもありました。

いろいろな会社をよく観察してみると、潰れてしまう会社のトップは、生き方や経営についてしっかりした信念をもっていなかったのです。さらに、よくマイナス発想をしますし、素直でありません。上手に経営できない理由は、どうもそのあたりにあるらしいと気づいたのです。

逆に、トップが「素直」で、「勉強好き」で、「プラス発想」型であれば、会社はうまくいくということにも気づきました。

これは、私がはじめて経営者のあり方に対してルール化したことで、「成功の三条件」といわれています。

人間というのは、素直で、勉強好きで、プラス発想すると伸びるのです。とくに経営者は、その一つでも欠けていたら、会社を駄目にしてしまうし、当然のことながら落ち目の会社を建て直すこともできません。

とくに「素直」というのが大事で、これは、勉強好きになる必須条件です。

素直でない人は勉強好きになれません。素直というのは、自分が知らないことについて、過去の常識や自分の経験と一致しないからといって、頭から否定しないということです。

たとえば、一時期、インドのサイババという人が彼の意志で自由に物質化現象を起こせるというので話題になりましたが、頭から「そんなことはありえない」と否定する人は素直でない人といえます。

私の友人の清田益章君は、スプーンを念力で折ることができますが、それを実際に見ても疑う人がいます。何か仕掛けがあると思って信じないのです。

そういう素直でない人は、真の勉強好きにはならないようです。また、真に成功するのは非常に難しいようです。

自分の経験や価値観などの枠にとらわれすぎる人は、新しい知識を吸収するのが難しいのです。その一方で、自分の知らないことを頭から否定せず何事にも素直に耳を傾ける人は、どんどん新しい知識を身につけていきます。

勉強好きな人は、知らないことに興味があって、よほどのことでない限りどんなことにも関心をもつものです。興味をもっていると、それに関するさまざまな情報や知識が入ってきます。周りの人も喜んで話をしてくれるようになります。

それらをもとにプラス発想をして、成功を確信してイメージ化する、これが成功する人に共通するパターンといえるでしょう。

逆に、失敗する人の共通パターンは、素直でなく、勉強嫌いで、マイナス発想をよくするということになります。

素直でない経営者はすぐわかる。確固たる自信があること以外、こだわる必要はない。

素直でない経営者は、すぐわかります。実例で紹介しましょう。

私がルール化した「即時業績向上法」の一手法に、「圧縮法」という方法があります。

たとえば、売場を圧縮するのも、その一つの方法です。

売場面積が一〇〇坪の衣料品店の損益分岐点は年間三億円くらいの売上げです。したがって、一億円しか売れていなければ、完全に赤字です。

そういうとき、私は売場を衝立やカーテンなどで仕切って、半分くらいの面積に圧縮するようアドバイスします。半分の面積に以前と同じ量の商品と従業員が入ることになるので、通路が狭くなり、商品を並べる陳列線は高くなります。

この方法を導入すると、売場面積が半分になっても、売上げと利益は二カ月足らずで二割から五割増のペースになります。一〇〇坪で一億円だった売上げが、五〇坪で一億二〇〇〇万円から一億五〇〇〇万円に増えるのです。

しかし、圧縮法を奨めると、まず八〇~九〇パーセントの経営者が反対します。そんなことは、どう考えたってできるはずがないというわけです。

最近は、私のコンサルティング手法に権威が出てきたのか、否定されることはなくなりましたが、最初の頃は八割の経営者が否定しました。ところが、圧縮法を用いると売上げは現実にすぐに上向きます。ですから、これを否定しない経営者でなければ成功しません。

私のライバルだった渥美俊一さんは、スーパーのレイアウトにワンウェイ・コントロールという方法を提唱していました。入口も出口も一カ所にしてお客が店に入ってから出るまでの動線を決めて、そこを一方通行で歩かせるというものです。

店内のすべての通路を歩かせるので効率が上がるという考え方で、これはアメリカのスーパーマーケット理論に基づいています。

しかし実際には、入口や出口がたくさんあればあるだけ、小売店というのは効率がいいのです。とはいえ、スーパー理論信奉者には、これがなかなか信じてもらえません。そういうやり方をしているところに連れていって実際に見せても、過去の経験を主張して譲らない人が多いのです。

私は、そういう素直でない経営者をたくさん見てきました。もちろん、確固たる実績があるなら、自分の経験にこだわりをもつことは悪いことではありません。しかし、いままでその方法でやってきたからとか、誰かがそう言ったからという程度のことなら、旧来の方法にこだわる必要はありません。

地球の誕生から現在までの歴史を再現した神坂新太郎さんという市井の物理学者がいますが、彼の地震予知の研究とその的確さ、また、彼が死んだ金魚を生き返らせる実験をして成功したらしいという話をすると、頭から否定する人がほとんどです。そういう素直でない人には、新しい知識、新しい情報は、えてして入ってこないのです。

私は素直なので、こういう話を否定しません。そこで神坂さんと親しくなれましたし、いろんな情報が入ってきます。

「とれとれ市場」の大成功は、周囲が大反対するなかで素直な組合長が決断した結果。

私がびっくりした事例について、ご紹介しましょう。

三〇年前、小樽の年間の観光客は二〇万人くらいでしたが、現在は七五〇万人になっています。ちなみに、熱海が九〇〇万人、四万十川が二三万人、屋久島が一六万人、日光東照宮が二〇〇万人、南紀白浜が二八〇万人です。

小樽の観光客がこれほど増えたのは、北一硝子という会社が世界一といっていいくらいの大きなガラス製品の売場をつくり、さらにその隣に世界一のオルゴールの売場ができたからだと私は思っています。何かで日本一や世界一の品揃えの小売店というのは、驚くほど人を集めるものなのです。

世界一の売場が二つできたのが、小樽への集客の要因だと思うのです。

しかし、たいていの人は、「日本一や世界一の小売りの売場をつくったらお客さんが集まる」と言っても信用してくれません。

南紀白浜に日本一の魚市場である「とれとれ市場」を船井総研のアドバイスでつくったときのことです。船井総研では、それまであった日本で一番大きな魚売場の倍の面積の魚の小売店をつくるようにアドバイスしました。

それまでの最大の魚市場は金沢の近江町市場の七〇〇坪でしたから、倍というと一四〇〇坪になります。

しかし、とれとれ市場をつくった一〇年前は、和歌山から白浜まで二時間半、大阪からは三、四時間かかりました。車で行っても、電車で行っても、それくらい時間がかかったのです。人口は、白浜から和歌山県の南端までで二〇万人くらいしか住んでいなかったときのことです。

こんな辺鄙なところに一四〇〇坪もの魚売場をつくったって、お客がくるはずがないと、常識的な考え方をする人はみんな反対しました。

そこで、一番店をつくって成功している小樽などを見にいくように奨めたのです。それを漁協の組合長の堅田隆弘さん父子などが見にいき、納得してくれました。

それでも、心配は完全には払拭できなかったのでしょう。ともかく安い土地で、お金をかけないようにして、とれとれ市場をつくりました。

いざ完成すると、開店後一年間で三二〇万人もの人が来場し、四〇億円以上の売上げがあり、初年度から黒字になりました。白浜の温泉地にきたお客さんは年間二八〇万人でしたから、最初の一年でそれを上回る集客を達成したのです。

なぜ三二〇万人ものお客さんがきたのか調べてみると、ほとんどが大阪からのお客さんでした。主婦たちが観光バスを借りて、白浜まで買い物に往復していたのです。

バスを一日チャーターすると八万円かかりますから、四〇人でバスを借りると一人当たり二〇〇〇円です。

朝七時か八時頃に大阪を発ち、とれとれ市場に到着するのは昼前くらい、とれとれ市場で昼食をとり、買い物をして、町営の温泉に浸かって夕方帰るというのが一つのパターンです。いまもそういう観光バスがどんどんきています。

とれとれ市場が成功したので、真似た施設が日本各地に一四カ所もできましたが、ほとんど失敗しています。その理由は、白浜のとれとれ市場で魚を売っているのは主として漁師や養魚家とその家族です。しかし、他の施設では小売業者が売っているのです。

白浜のとれとれ市場の売り値は、あまり安くすると、卸売市場がいい顔をしませんから、大阪の卸売市場で競り落とされる値段と、一般小売店の価格の中間くらいに設定されています。生産者が売っているわけですから、これでも十分に利益はありますし、魚は非常に新鮮です。

失敗した他の施設は、小売業者の出店によるものなので、品質も値段もふつうの商店とあまり変わりありません。これが、失敗と成功の大きな分かれ目なのです。

大阪の小売店で買うよりかなり安くて、新鮮だから冷蔵庫に入れておいてもしばらくもつということと、品揃えが非常によいのでお客が集まったのです。

とれとれ市場は大成功しましたが、経営者の堅田組合長はじめ、有志の人たちが素直に北一硝子の繁栄などの実態を受け入れていなければ、現在の成功はなかったといえるでしょう。

メモをとらない人は、貴重な情報やチャンスを自ら捨てているようなものです。

伸びる会社の経営者は、みんな勉強好きです。

セミナーをやってみるとわかるのですが、そういう人は必ず早くきて、最前列の真ん中に座ります。

遅れてきて後ろのほうの席に座る人は、勉強嫌いの人が多いようです。そういう人は、一生懸命聴く気がないといっていいかもしれません。社命で興味もないのにきているような人は、後ろに座るし、すぐに居眠りを始めます。

最前列の真ん中に座るような勉強好きな人は、メモもたくさんとります。手帳やノートを持ち歩いていて、びっしり書き込みます。

現イトーヨーカ堂名誉会長の伊藤雅俊さん、そして伊勢丹専務、松屋社長、東武百貨店社長などを歴任した山中鑽さんなどは、実によくメモをとっていました。

この二人はとても優秀な経営者で、非常に素直な方たちです。私も長くお付き合いさせていただきましたが、どんな話でも、頭から否定するようなことはけっしてありませんでした。

講演で人の話を聞いたり、本や新聞や雑誌で読んで興味をもって覚えておこうと思っても、時間の経過とともに人間の記憶はどんどん薄れていきます。二時間も経ったら講演の内容は一割も覚えていないのがふつうですから、興味があることはできるだけメモをしておくようにしたほうがいいのです。

私はかなり記憶力はいいほうですが、それでも常にノートを持ち歩いていて、気がついたことをメモしたり、テーマごとに自分の考えをまとめたりしています。このノートは片時も手放しません。

新聞や雑誌に目を通したりして気づいたこと、人と会ったときに面白いと思ったことは、必ずメモしておきます。さらに、自宅に帰ってから就寝するまでのあいだ、さらに早朝起きてから出かけるまでのあいだに、そのメモを読み直して自分の考えをテーマ別にまとめるようにしています。

これは、さまざまなことに関して、自分のものの見方、考え方をまとめるのにとても役立ちます。

このように、私のノートにはテーマ別に自分の考え方をまとめ直してありますから、講演や原稿を書くときに、そのままレジュメとして使えます。

新しい知識を仕入れたら、テーマごとになっているページにメモを追加していきます。それが一定の量になったら、また新しくまとめ直します。

メモをとらない人は、せっかく手に入れた情報、そしてチャンスを自ら捨てているようなものだとも思います。できることなら、ぜひ、今日からメモをとるくせづけをしてください。

本を読む、人と会う。限られた時間を最大活用する船井流勉強術。

それでは、素直になったとして、どういう勉強の仕方をしたらいいのでしょうか。

ビジネスマンの勉強に一番役立つのは、聞く、見る、見習いをするという手法以外では、やはり読書だと思います。

いい経営者はみんな読書家です。社長業は読書家でないと務まらないともいえるほど、彼らは本をたくさん読んでいます。まともな経営者は、少なくても週に二〜三冊は読んでいるようです。

これを読まなければならない、あれを読まなければならないという堅苦しい考え方をする必要はありません。興味のある本を選び、好きなところを読めばいいのです。

しかし、それなりの本の選び方、読み方はあります。

私は、はじめて本を書いた人の本、すなわち処女作と、五冊以上書いている人の本を読むようにしています。

処女作には、その人の人生が凝縮されていて、中身の濃いものが多いからです。しかし、二冊目以降の本は、えてしてつまらなくなります。どうしても、一冊目の本の延長で、中身が薄くなりがちです。

一方、五冊以上本を書けるような人は、それほどいません。こういう人には、それだけ情報が入ってくるわけですから、内容が参考になります。常に新しい情報が入ってくるようでなければ、とても本は何冊も書き続けられないものです。

それからもう一つのポイントは、送られてくる本は興味をひかない限り読まないほうがいいということです。時間の無駄遣いになることが多いようです。

本をよく読んでいる人かそうでないかは、すぐわかります。

私が船井総研の社長を務めていた頃は、社員の採用にも直接携わっていました。会長になってからはかかわらなくなりましたから、もう十数年も船井総研の採用にはかかわっていませんが、原則として読書好きな人を採用していました。

私が社長だった時代の採用試験は非常に単純なものでした。まず制限時間三〇分で便箋五～六枚に、私宛の手紙を書いてもらいました。これをやると、いろいろなことがわかります。

まず、本を読んでいない人は文章が書けません。ですから、本を読んでいるかどうか、すぐにわかります。また、最近はワープロを使う人が多いので、漢字を知らない人も多くなっています。ですから、誤字などを見ていると、注意力がある人かどうかもわかります。

次に、なんでもいいのですが、一つの物を示して、その使い方を五分間で思いつくだけ書いて欲しい、というテストをしました。ふつうの人でも、三つから七つくらいは書けます。経営者やコンサルタントになろうと思う人は、二〇くらい書けなければなりません。二〇以上書けた人は無条件に採用していました。

これは発想力を試すためのものです。五分で五〇くらい書くことができれば、超一流のコンサルタントに育つ可能性があります。私はどんなものでも、たとえば傘の使い方、鉛筆の使い方など何でも、五分間で五〇以上は使用法を思いつきますが、面白いのは、大学の先生方にはこういうことの苦手な人が結構多いということです。

常識的な勉強の仕方の第一は本を読むことですが、第二は、人と会うことです。本を読むのと、人と会うのとでは、得られる情報の質が異なります。

本の情報は、私たちの目にふれるまでに編集者などがセレクトしていますから、それなりの信頼性があります。その代わり、一般的なことが多くなります。一方、人と会って得られる情報は個性的で新鮮なことが多いのですが、信頼性が乏しいこともあります。

また、本は自分の好きなものを選べますが、人の場合はある程度相手に合わせなければなりません。

コンサルタントという仕事は、相手の話を聞くことから始まります。同じことを繰り返し話す人もずいぶんいます。同じことを繰り返して言ったり、自慢話と昔話を始めたら、その人との付き合いはほどほどに切り上げるべきでしょう。

勉強するためには、絶えず前向きの何かを教えてくれる人と会うように努めたほうがいいのです。

人間は肉体を維持するために、寝る時間、食事をする時間はどうしても必要ですから、それ以外の時間を精いっぱい仕事と勉強に使えば、誰でも多くのことを学ぶことができます。

人間がもっとも楽しいのは、知識を得たときと長所を伸ばせたとき。

人間は、自分のよい特性をまず伸ばさねばなりません。ここではそのような目で人間をみてみましょう。

若い女性に結婚相手として奨めたいのは、二〇代で小金を貯めない男です。

また、部下や家族とばかり食事しているような男は伸びないようです。

同じメンバーで同じことばかり話しているのは時間の無駄ともいえます。そんな時間があったら、さまざまな情報を求めて講演会、勉強会、異業種交流会などの会合に顔を出して勉強するよう心掛けたいものです。そうすると、小金などは貯まらなくなります。

人が一番楽しいのは、新しい知識を得たとき、自分の長所を伸ばすことができたときだと思います。人間がほかの動物よりすぐれているのは脳が発達しているところですから、その人間の長所を伸ばすためには、知らないことを知る努力が必要になります。

また、理性的、知性的に生きるのも楽しいことです。人間は良心のある生き物ですから、良心に従った生き方も楽しいものです。

さらに、人間はものをつくることができますから、創造的なことをしていると楽しくなります。そして、つくる以上は、よりいいものをつくるほうがいい。それこそ、人間の使命ともいえます。

年をとると、多くの人は同窓会に行きたくなるようです。同窓会はいいものですが、勲章の話が始まったり、昔話やら孫の話に終始するようになったら、あまり行かないほうがいいでしょう。

また、仲間うちで傷をなめ合うようにして、当たり障りのないことを話して時間を潰すのが楽しいと感じ始めたら、これはもう人間を卒業する兆候と思わなければなりません。五〇歳を過ぎたら注意が必要でしょう。

私も同窓会に数回参加したことがあります。

そのとき、ポケットに小さなテープレコーダーを入れて会話の内容を録音してみました。帰ってからその内容を、過去のこと、現在のこと、未来のことに分けてみたら、過去のことを話していた時間が八〇パーセントを占めていて、現在と未来のことは二〇パーセントくらいしか話していませんでした。

現役の経営者は、過去のことは五パーセント以下しか話しません。現在のことが六〇パーセントくらい、未来のことが三五パーセントくらいでしょう。これが、第一線で働いている人間が興味のある話題のバランスなのです。できれば、いつまでもこのような生き方をしたいものです。

ここで若い人に話しておきたいことがあります。

携帯電話が普及しています。これは若い世代にとって使い方を考えないとマイナスが多いと思います。電磁波は身体、とくに脳によくないようですし、若い人たちの話している内容に、どうでもよいことがとても多いと思うからです。

どうでもいいことを携帯電話で話して時間を無駄にするのは、とてももったいないことです。すぐに会って直接話せることを、その前に電話でも話すなどという無駄を平気でしがちです。

人間が使える時間は限られています。時間を何に使うべきか、優先順位をつけて最大限に活用する方法を考えて欲しいのです。

夜九時就寝、朝三時起きで仕事をするくらいでなければ、忙しいとはいわない。

ここで、超お忙し人間の私の時間の使い方を紹介します。

毎晩九時には寝るようにしています。夜の会合があっても、深夜まで世間話をして時間を費やすのはもったいないので、二時間以内で切り上げて帰ってくるようにしています。これは、出張先でも同じです。

私は、床に就いたら、すぐに熟睡できます。そして、二時か三時には起床します。ここから出社するまでの時間が、とても大切な時間なのです。

会社にいるとひっきりなしに来客や電話があります。また、原稿を書いたり、ゲラ刷りを読んだりと、本や新聞に目を通す時間もまったくありません。

したがって、早朝のこの数時間に、そういうことを全部してしまいます。さらに、自分の考え方をノートにまとめたり、会社の書類をチェックしたり、秘書や社員に仕事の指示をするメモをつくるのもこの時間です。

こういうことをこの時間にしておくと、出社して短時間で指示できますから、私の時間だけでなく、社員の時間を無駄にすることもありません。

朝食は七時半前後に食べますが、これには五分くらいしか時間をかけません。

会社にいるあいだは、分刻みのスケジュールです。来客には三〇分くらいの単位で時間をとりますが、社員との打ち合わせは五分単位です。その合間に飛び込みのスケジュールが入ってくることが多いですから、あっという間に時間が過ぎていきます。

ところで、私の数少ない自慢の一つは、ここ三〇年以上、時間に遅れたことがないことです。これだけは威張れます。二〇〇三年は二五〇回以上講演を行い、一二冊の本を書きましたが、講演が延びたことや原稿の締切日に遅れたことは一度もありません。

私は基本的に昼食はとりません。時間がもったいないからです。こうして、昼の時間も最大限有効に使っています。

船井総研の社員には、「昼食抜きで、夜は九時に床に就き、朝は三時に仕事を始めるくらいでなければ忙しいと言ってはいけない」と言っているのですが、これは私自身がまさにそうしているからなのです。

このように私の時間の使い方は九時就寝、三時起床が基本ですから、日没と日の出にあわせて睡眠をコントロールすることになります。これにより、体調もよく、とても健康です。また朝の時間は、ゆっくり休んだ直後で、脳も体もリフレッシュしていますから、集中力も高く、理性的な決断ができます。

私と同じ時間の使い方をしてみた社員は、次のように言っていたそうです。

「一週間くらい続けていたら、体のリズムが整ってきて集中力が高まり、効率よく時間が使えるようになりました。

朝まだ誰にも邪魔をされないうちに仕事の段取りをしておくと、気持ちに余裕が生まれ、新しい企画につながるアイデアが浮かんだり、重要な情報に気づくなど、さまざまな発見があって仕事の幅が広がりました」（『Funai＊Media』二〇〇四年二月号「船井幸雄の超仕事術」より）

本書の読者も一度、私のような時間の使い方を試してみられたらいかがでしょうか。一日がとても有効に使えることに驚かれると思います。

心配しても仕方ありません。納得して、プラス発想して、ベストを尽くすべきです。

世の中に不可能なことなどほとんどありません。必要な時間をかけ、自分が没入できればなんでもできます。

たとえば、私は歌が下手ですが、時間をかけて歌だけを一生懸命練習すれば、必ずうまくなると思っています。いまはほかにいろいろやることがあって、歌の練習にかける時間がないからやらないだけです。

私は、自分の責任で処理できる範囲内であれば、そして時間さえ許すのなら、やりたいことはやろうと思っています。

目の前のやらなければならないことに生命がけで全力投球していけば、それは何だって必ずできます。

また、思いは実現するものです。これはマイナスの思いも同様です。だから目先に全力投球し、それが成功すると思えば成功します。

一般に経営者は、リスクに対して用心深いものです。しかし、一度決断を下したら、その達成へ向けて生命をかけてベストを尽くすべきでしょう。

「うまくいかなかったらどうしよう」などという心配は、マイナス発想です。そういう思いがあると、本当にうまくいかなくなってしまいがちです。

たとえばやましいことがあり、「内部告発されるんじゃないか」と考えている経営者は、間違いなく内部告発されるようです。

経営のコンサルティングは、そういうマイナス発想を取り去ることだといっても過言ではありません。たいていの場合、このように成功したという事例を数多く紹介して、経営者がプラス発想できるようにして、マイナス発想を取り去るのです。

そういう成功のモデルはたくさんあります。

「百聞は一見にしかず」といいます。また、一〇〇回見ても、一回の実際の経験に勝つことはできません。「百見は一験にしかず」です。ですから、成功者のところで聞き、見て、見習いの経験をして納得してもらうのが、一番効率的なコンサルティングの手法なのです。

「思い」は波動です。確信をもてるようになれば、どんなことでも実現できます。

世の中のものはすべて波動としてとらえることができます。したがって、波動の原理で動いているといえます。この波動の性質は、次の四つしかないのです。

① 同じものは引き合う。
② 違うものは反発し合う。
③ 自分が出した波動は自分に返ってくる。
④ 優位の波動は劣位の波動をコントロールする。

これらについては拙著『波動で上手に生きる』(二〇〇〇年一〇月、サンマーク出版刊)

を参照してください。このなかで難しいのは、優位の波動とは何かを知ることです。

思いというのも波動です。わかりやすくいえばサムシング・グレートといいますか、創造主のような存在の意識波動に近い思いほど優位の波動、上位の波動であり、サムシング・グレートの意識波動に近い思いの波動を出すことができれば、どんなことでも実現できるはずだといっていいのです。このサムシング・グレートにはエゴはないようです。

ですから、エゴをできるだけ減らした思いを何回も口に出して言ったり、それに向けて行動したりしていると、さまざまなものに影響を与えて、その思いが実現することになるといえそうです。

自分の思いは、世の中に影響を与えてから自分に返ってくるのです。悪い思いはそのまま返ってくるし、いい思いはいいことになって戻ってきます。これは、「同じものは引き合う」「違うものは反発し合う」という波動の性質からも当然のことです。

そして、「優位の波動は劣位の波動をコントロールする」という性質により、いい思いはより実現しやすいと考えてください。

現代成功哲学の祖、ジェームズ・アレンも著書『As a Man Thinketh』(『「原因」と「結果」の法則』二〇〇三年四月、サンマーク出版刊)に書いていますが、思ったことは実現するのですから、人はいいことだけ思うようにすればいいのです。

しかし、ただ思うだけより、イメージ化すると、その思いはより強くなります。これにより、より実現に近づきます。イメージ化のためには、そうなることを確信しなければなりませんが、確信をもつためには条件が必要です。だから、勉強して納得すべきなのです。

本章の最後に、「イメージ化」と「長所伸展法」と「プラス発想」のことをまとめておきます。

先ほど述べたように、歌の下手な私でも、時間さえかければ、歌は必ずうまくなると思います。しかし、周囲の人すべてから「船井さんはそんなに歌が下手だから、絶対にうまくはならないだろう」と言われたら、なかなか自分で歌がうまくなることをイメージすることができなくなるでしょう。しかし、私はそんな言葉は気にしないでやれそうです。大切なのは、時間をかければできるという確信なのです。

長所に関することは、誰でもすぐに成功の確信ができますから、長所を伸ばすことを人は真っ先にするべきだと思います。長所を伸ばしていくうちに、新しい確信も出てくるでしょう。短所も、時間さえかければ直すことはできますが、それは長所を十分伸ばしたあとか、余裕のあるときにすればいいのです。

プラス発想が確信につながり成功を収めたいい例が、大成功した銀座松屋の改装です。当時、松屋のトップは山中鏆さんでした。彼は、一九七六年に伊勢丹の専務から経営不振の松屋に移って立て直し、一九九〇年には東武百貨店に転じて増床を成功させました。相次ぐ成功で山中さんは、「百貨店再建請負人」「百貨店経営の神様」の異名をとるようになりました。この山中さんは私ととくに親しく、もっとも気の合う人でした。

山中さんの素晴らしいところは、常にプラス発想で、どんな場合も「成功する」「成功した」と言い続けたことです。そのうちに部下の社員たちも成功を確信しイメージ化でき、成功するようになったのです。

銀座松屋の大改装でも同様です。改装大売り出しのあと、山中さんは、全社員に「成功した、成功した」と言いまくれ、と檄を飛ばしました。それを二週間続けさせた結果、マスコミも「松屋の改装は成功した」と書き始めたのです。このニュースが出るとともに、急速に売上げが伸びていきました。結局、見事に成功してしまったのです。

これは、全社が一体となって成功を信じ、周囲も巻き込んでイメージ化したことがよかった実例です。

これらを成功のポイントとして十分に知っておいてください。

成功の第五原則

失敗も感謝して成功の糧にしよう!

失敗にしか思えないことでも、長い時間でみると必ず成功の糧となっている。

短い時間でみると失敗にしか思えないことでも、長い時間でみると必ず成功の糧となっているものです。たとえそのとき失敗としか思えないことであっても、失敗とは考えないほうがいいようです。本章では私がこれまでした失敗、そして私の友人がした失敗を紹介するなかで、失敗からどんな教訓を学ぶべきかについて述べていきたいと思います。

私自身、失敗のほうが多いといっていいような人生を送ってきました。コンサルティングについては、本業ですし、顧問先の会社が多くの社員たちを路頭に迷わせることになりますから、失敗しないように絶対安全と思える成功の確信のあるアドバイスばかりをしてきました。おかげで三十数年来、失敗は皆無です。しかし、これでは楽しくないし、実験もしたいので、船井総研での新規事業などでは失敗もずいぶん経験しました。

失敗の大半は成功がイメージ化できないことをやったことによるものですが、失敗は成功よりも勉強になることがわかったからでもあります。そういう意味では、自分で責任がとれる範囲内だったら、失敗もけっして悪いものではないでしょう。

失敗を繰り返すなかで、私はまず、他人は自分とは同じように考えないものだということを骨身に沁みて知りました。

自分一人ですべての事業に取り組むことには限界がありますから、子会社の社長をたとえば船井総研の社員のなかからよく抜擢しました。社員の能力と才能を見込んで社長にするのですが、創業の基本的な考え方をなかなか理解してくれないことが多く、サラリーマン的な発想ではじめに用意された一億円とか二億円の資本金を自分で使えると思ってしまいがちになります。

こういう人に事業を任せると、必ずといっていいほど失敗しました。

オーナー経営者は、まず資本金を食いつぶさないでやっていくことを考えます。どんなことでも黒字にしたい、赤字になるようなことはしたくないと考えます。しかし、サラリーマン経営者には違う人が多いのです。私はそれを、たくさん子会社をつくり、社長をつくっていくなかで学ばせてもらいました。

一般にオーナー経営者とサラリーマン経営者は、自分や家族の人生がかかっているか否かという点が違いますから、この点の考え方がまったく異なります。

日本経済はここしばらく停滞していますが、その責任は、サラリーマン的発想の政治家、官僚、そして大企業のサラリーマン経営者にあると思います。彼らは、リストラと、下請けや取引先からの搾取ぐらいしかノウハウをもちません。しかし、それでも利益が出るから、考え方が変わらないのです。たぶん、今年三月期、来年三月期の上場企業の利益は最高記録を更新するでしょうが、これはマクロには考えものです。

そのうえ、サラリーマン経営者は、自分の任期さえ問題なく過ぎれば、それで十分だと思いがちです。先に破綻した山一證券の例をあげましたが、サラリーマン経営者の事なかれ主義で駄目になった企業はほかにも数多くあります。

たとえば、金融機関が多額の不良債権を抱えるようになったのも、リスクの自覚のない経営者がトップにいたためです。彼らは経営手腕がなくても、退任時期が早くなる程度で、ほとんど責任をとりません。

だから、グローバルスタンダードという言葉が流行ると、新しい経営手法だということで飛びついてしまうのです。こんなことを失敗の経験から学ばせてもらいました。

失敗を重ねてわかったことは、どんな人に社長を任すべきか、どんな任せ方をすべきか。

前項で紹介したように、私はこれまで人任せにしたため、何回も事業で失敗しています。結局、そういう事業の後始末は、当然ですが私がしました。

そうすると、失敗した会社の社長であった人は、私の前に顔が出せなくなってしまいます。これが、とても心残りです。自分が損をさせてしまったとわかっているから、真面目な人ほど私に近寄ってこれなくなるのです。その気持ちを払拭させて復帰させるまでには、五年くらいの時間が必要になります。

しかし何度も失敗を積み重ねたおかげで、どんな人を社長にすべきなのか、そしてどんな任せ方をすべきなのか、この二つの大事なことを学びました。これはコンサルティングにも非常にプラスになっています。これからは失敗はしないでしょう。

少なくとも、オーナー的な考え方ができる人でなければ社長は務まらないと思います。会社のトップはぎりぎりの決断を日々迫られるものですが、そのときにサラリーマン的な考え方をしていては、意思決定が甘くなってしまいます。

また、サラリーマン的な意識の人に仕事を任せるときは、きちんと条件をつけたほうがいいようです。先に述べたように、こういう人はお金を預けて仕事を任せると、儲けることが二の次になって、権限を保持することと経費を使うことを考えるようになるからです。

ともかくビジネスで大切なのは、トップ人事と、会社内に多くの人財がいなければならないということです。経営者としては、自分の思うように動いてくれる人財をどれだけつくれるか、または持てるかがとても大切なポイントになります。

そのためには、自分の情熱が相手に伝わらなければなりません。自分が生命をかけて仕事に取り組んでいることを、第三者にわかるようにする必要があるのです。

船井総研という会社をつくってすでに三五年になりますが、私の思う通りに動いてくれる人はやっと一〇人くらいできたところです。あと三〇~四〇人つくることができれば、オーナーとして会社は今後も安泰だと思います。いま、これは小山社長に任せていますが、彼は人づくりに全力投球してくれています。

仕事でも人生でも、失敗こそもっともいい勉強。躓きの経験が人を育てる。

ビジネスのうえでも、人生のうえでも、失敗が皆無だったら、人は成長しないと思います。それどころか、堕落してしまいかねないでしょう。

たとえ、そのとき手痛いと思うような躓きをしても、その経験は必ず次の成功の糧となります。そういう意味では、失敗こそ、もっともいい勉強であるとさえいっていいと思うのです。

失敗したからといって、ビジネスの世界では立ち止まることができません。前向きに努力を続ければ、その失敗を財産とすることができるし、成功もできます。

船井総研の主催でフナイ・オープン・ワールドを二〇〇二年までに九回開催しましたが、毎回多少ですが赤字が出ていました。しかし二〇〇三年から、船井総研の「フナイ・ビジネス・メッセ」と「船井幸雄・オープンワールド」を完全に切り離し、再スタートを切ることになりました。

船井総研は大企業で利益も出ている会社ですから、少しくらいの赤字が出ても特別の問題はなかったのですが、第一回船井幸雄・オープンワールドは、まだ会社ができたばかりの本物研究所と船井メディアが共催することになりました。

そこで、このイベントが失敗したときは、赤字は全額私個人で負担すると、この両社の人々に宣言して準備を始めたのです。

その第一回船井幸雄・オープンワールドは、結果的に二千数百万円の黒字が出ました。

なぜ、船井総研主催でビジネス・メッセと一緒にやっていたときに黒字にできなかったかと考えてみると、私自身が気楽に考えていたのと、担当者がサラリーマン的な発想のもとで人任せにしていたからと思います。

今回は自分でリスクをとることにして、本物研究所や船井メディアの社員にはっぱをかけました。その結果、みんなが一体化して頑張ったので黒字になったのです。

船井総研より格段に少ないメンバーが、しかも不慣れなはじめてのオープンワールドをやる人たちが、一生懸命になって頑張ってくれたのです。

これにより、個々人がオーナー的な発想になって必死になれば、黒字化できることがわかりました。

しかし、第一回船井幸雄・オープンワールドの成功も、それまで九回のフナイ・オープン・ワールドの失敗の積み重ねがあってのことだと思っています。

赤字が続くということで途中でやめていたら、船井幸雄・オープンワールドの成功はなかったのです。また、素晴らしい本物技術や、私がライフワークとして研究したさまざまな成果を世の中に紹介することもできなかったでしょう。

いま考えると、これまでの経験は、けっして無になっていないのです。

今年四月に熱海で第二回船井幸雄・オープンワールドをやりますが、これについては少し心配しています。第一回がうまくいきすぎたからです。しかし失敗しても、今年一〇月の第三回には、そのぶんが必ずプラスになると思いますので、今回の第二回は担当者に任せて、いまのところ私は静観しています。

オーナー経営者は生命がけ、まさに自分の一生をかけて経営しているのです。

［成功の第四原則］で述べたように、会社は九九・九パーセントがトップ一人で決まります。それだけに、企業のトップの意思決定は企業の盛衰に大きくかかわってきます。それだけ重要なのです。

熊本に本社を置くスーパー壽屋グループ（現カリーノ）が、二〇〇一年一二月一九日に民事再生法の適用を申請しました。いまイオングループへの営業譲渡で合意していますが、その代金をめぐっては対立があり、今後、どういう展開になるのかわからない状態になっています。

壽屋の創業者オーナーは、一九二六年生まれの壽崎肇さんという人です。私とはとくに親しかった方です。

壽崎さんは大分県佐伯市で生まれた人で、麻布税務署に勤めていて、東京に単身赴任していました。ところが、佐伯で化粧品店を営んでいた奥さんの愛子さんが病気になったため、税務署を辞めて大分県に帰り、化粧品店の経営に携わることになりました。

どうせなら本格的にやろうということで、壽崎さんは商業界の倉本長治さんのところで商売のことを学び、ペガサスクラブの渥美俊一さんのところでスーパーの理論を勉強し、一九六〇年代の終わり頃から衣料品スーパーの展開を始めました。

私がはじめて壽崎さんに会ったのは一九六七年頃のことでしたが、とても気が合いました。一九六九年頃から私が壽屋の経営コンサルティングをすることになったのですが、当時、私は経営コンサルタントとして失敗が続いて落ち込んでいたので、壽崎さんにはずいぶん慰められたものです。また、教えられました。恩人だと思っています。

最初に壽屋の店を見に行ったときは、まだ一四店舗でした。総売上げ約二八億円、利益は税引前で二〇〇〇万円くらいでした。丸二日間、車で一四店舗を見て回って壽崎さんとすっかり仲良くなり、ホテルでお酒を飲みながら酔っ払ってコンサルティング契約の話をまとめました。

その契約の話をしたのは私が独立する前の一九六九年のことで、船井総研の前身の日本マーケティングセンターを設立したのは翌一九七〇年のことでした。

壽屋は船井総研の顧問先になってくれました。創業当初のことだったので、仕事がなくなったらもらいにいくということを続けていましたが、壽屋はその後またたく間に成長して本社を熊本市に移し、一九七三年には福岡証券取引所に上場しました。一九七五年には、売上げ一五〇〇億円を達成して業績も飛躍的に向上しました。

私のコンサルティングは見事に成功したのです。

その後、壽屋は一九七六年には大証二部、さらに一九八〇年には大証一部に上場していきます。壽屋は九州一の売上げのチェーンストアに成長しましたし、私も忙しくなり、いったん同社との縁が切れました。

しかしその後、同社の決算内容がだんだん悪くなって、壽崎さんから二万株ほど分けてもらった株が、最高時に時価で千数百万円あったのがどんどん下がっていくのでおかしいなと思っていたところ、一九八五年頃相談に見えたので、再度同社の経営コンサルティングを引き受けました。当時は九州全体に二四〇～二五〇店舗あって、売上げは三〇〇〇億円を超していましたが、赤字が続いていました。

そこで、全店長を集めて話を聞いてみたのですが、前年より売上げが伸びている店は全体の一割もなかったのです。当時の量販店は扱っている商品を二〇〇品目くらいに分類して管理していました。前年より二〇品目以上売上げが伸びている商品があるかと質問して、店長に挙手をさせたら、全員が手をあげました。

そこで、その二〇品目の売上げが一割以上伸びている店については、その品目の売場面積を一割増やし、在庫を三割増やせというようにアドバイスしたのです。つまり、売れているもの、伸びているものの売場と商品だけ広げてもらいました。

これが、船井流経営法の「長所伸展法」です。

この結果、三カ月で目に見える効果が表れました。壽屋は一気に売上げを伸ばして黒字化し、赤字も解消されました。当面の問題が解決できたので、忙しかったこともあって、私はまた壽屋から距離をおくことになります。

その後、壽屋は資金繰りが厳しくなって、西日本銀行から融資を受けるとともに、社長として役員を迎えました。これが結果的に、民事再生法の適用申請につながることになります。その間、壽崎さんは壽屋と法的には株主として以外は無関係な人間になりました。

銀行派遣の役員は、仕入先を絞れ、仕入値を叩け、商品は商品部で一括して仕入れろ、販売員は本部がつくったマニュアル通りに動くべきだというように布告したようです。これらは私や壽崎さんの考え方と一八〇度違います。また、予算主義になり、商品の押し付け販売、仕入先に協力金を要求したこともあって、急速に取引先の信頼を失っていったようです。

銀行が実質経営するようになってから壽屋は、私のコンサルティングとまったく逆のことをしたのですが、これはよくあることです。

商品は店ごとに販売員の責任で仕入れ、仕入先はとことん大事にする、入口と出口はたくさんつくるという船井流小売り経営法は銀行員には理解しにくいようです。しかし、これでは販売員がやる気を失ってしまうのです。

壽屋が続けて私にコンサルティングを依頼してくれていたら、銀行管理になることも、イオングループ入りする必要もなかったように思います。

ところで、私が顧問をした流通関係の中堅以下の企業は、ほとんどジャスコ（現イオン）かマイカルの傘下に入りました。ジャスコの傘下に入ったところはうまくいきましたが、マイカルに入ったところは、同社が倒産したため店も経営者の資産もほとんどが消えてしまいました。どちらをとるかは、トップの意思決定だったのです。

トップは、意思決定を自分自身で、自らのリスクをかけてやらなければならない。これは大変な決断なのです。

壽屋に銀行から派遣されてきた役員たちは、サラリーマンとしてほとんど責任もとらずに、また西日本銀行の関係企業を渡り歩くのかもしれません。

しかし、壽崎さんは倒産直後、新聞記者のインタビューに答え、「従業員や取引先の叫びを聞くと、いたたまれない。屋敷や土地などを含め、できる限りの私財を提供し、弁済に役立てて欲しい」（「熊本日日新聞」二〇〇二年三月二日）と述べていました。しかし、そのとき壽崎さんは、壽屋とは法的には完全に無関係だったのです。

一緒に同社を育てた奥さんの愛子さんは、壽屋が民事再生法の適用を申請した翌日、二〇〇一年一二月二〇日に亡くなっています。私ととくに親しかった人だけに、二～三日は涙が止まりませんでした。

壽崎さんは、壽屋の破綻とともに創業者として多くのものを失ってしまったのですが、素晴らしい人間性を多くの人に知らせ、経営とは何かを教えてくれました。いろいろ教えてくれた親友として、彼とは今後も仲良く付き合っていきたいと思っています。

オーナー経営者は、この壽崎肇さんのように、一人でリスクを負って、まさに生命がけで自分の一生をかけて経営していることを知って欲しいのです。

豪邸を建てたり顔が歪んでいる経営者は、ほとんど失敗します。

これまでたくさん失敗する経営者を見てきましたが、株式を上場して入ってきたお金で大きな家をつくった人は、おおむね失敗しています。また、税金を滞納した人も失敗しています。

これは、贅沢をする人はどうやら失敗するようだということのようです。

そういう例はいくらでもあります。

経営者の家を見れば、今後、失敗するかどうかわかります。

私ごとを少し言います。私は株式公開後、東京に住む必要から、高輪のマンションを購入しました。ここに十数年住み、今度は船井総研の名誉会長になったので、熱海に家を建てましたが、妻と二人で生活するだけですから、五五坪の家です。そのうち二〇坪は私の書斎です。来客が少なく、大きな書斎が不要な人なら、夫婦二人で三五坪もあれば十分でしょう。

大きな家を建てたりして贅を尽くすのは、「宇宙の理」に反することなのかもしれません。

豪邸には、普段は使わない部屋がたくさんあると思います。とても奥さん一人では維持できませんから、お手伝いさんを何人も雇ったり、また庭の手入れをするにも定期的に人を入れたり、ふつうの家ではかからない無駄なお金が必要になります。これだけで、かなりのお金が消えてしまいます。

経営者には、家のことにかかわっている時間はありません。経営に全力投球できるようにしておかなければならないからです。

私は大財閥の息子さんたちと仲がいいのですが、昔はまだ「地球の理」が幅をきかせていた時代ですから、特別にお金のある人がかなり贅沢をしても大丈夫でした。しかしいま、堤康次郎さんや五島慶太さんの時代と同じようなことをやっていたら、大成功者といえどもとても生き残れない世の中になりつつあるようです。

人は失敗すると、なかなか立ち直ることができません。私の知る限り、会社を潰すところまでいって再起した経営者はほとんどいません。一度失敗すると、銀行にしろ取引先にしろみんな警戒するので、まともな仕事ができなくなるからです。

小さな失敗からはたくさん学ぶことがありますから勉強になりますが、本体の事業を潰してしまうような大きな失敗をすると、再起することは非常に難しいといっていいでしょう。

また、失敗する経営者は、顔を見ればわかります。経営が上手くいかなくなる少し前から、経営者の顔が歪んでくるのです。実際に倒産してしまった会社のオーナーの顔を見ると、歪んでいることが多いようです。

これについてはなぜかわかりませんが、自分が心のなかで思っている心配などが顔に表れて顔が歪んでしまうのかもしれません。

苦労することを覚えないと、人は伸びないものです。人に頼っていては絶対に駄目です。

私はよく「経営者は生命をかけなさい」と言いますが、これは生命をかけて取り組むことによって、上手に正しく生きるためにもっとも大事な「原因の世界」というか、超意識の世界に入っていくことができるからです。

超意識や「原因の世界」のことについては、本書の最後の［成功の絶対原則］の章で述べますが、ふつうの人が超意識の世界に入っていくよい方法が二つあります。私はこれ以外の方法もいくつか知っていますが、ふつうの人は一つは生命をかけること、もう一つは確信して実現をイメージ化することによって入るのがベストです。

ところでいま、自分の仕事に生命をかけることのできる人はそんなにいません。しかし、中小企業の経営者は、とことん追い詰められると生命をかけねばならないようになっています。

私は何回も失敗を経験して、人をあてにしてはいけないことを学びましたが、結局、人は逃げられる部分を残していては本気にはけっしてなれない、まして生命をかけることなどできない存在といえそうです。

国になんとかしてもらおうとか、他人のせいにしたり、人に頼っているあいだは生命などかけられないといってよいようです。

ところで人間は、できるだけ人にあげることはあっても、人からもらわないようにしようという心掛けが大切なようです。だから、税金もきちんと払うべきです。日本の政治家のように、税金を自分の選挙区に引っ張っていくのが自分の力だなどという考え方をしていると、本人も駄目になるし、選挙民も駄目になってしまいます。

日本の農業が駄目になってしまったのは、補助金行政のせいともいえそうです。

他人からもらおうなどという考え方はやめて、自分で稼ごうと考えるのが必要なようです。

アメリカという国はこれから急速に駄目になっていくように思うのです。

昔のアメリカは違いましたが、現在のアメリカは結果として他から奪うことによって成り立っている国に変わってしまいました。金融政策によって、日本をはじめ他の国の人々が汗水流して稼いだお金を巻き上げ、世界一の武力を使った戦争によって他国の富を奪おうとしているようにもみえます。

さまざまな工夫をして武器以外の生活必需品をつくり、それを売って稼ごうという考え方は、いまのアメリカには少なくなってしまったようです。

私の知るところでは、ロボット時代がきても、人は汗水流して自分で苦労しないと、伸びないし成功を続けられないもののようです。

お金を稼ぐことは、それほど難しいことではありません。成功のコツを知って、人より余計に勉強して余計に働けば、誰でも稼ぐことができます。

ふつうの男性であれば、それだけのことをまともにやっていれば、自分の家族だけでなく、一〇人くらいの人を食べさせていけると思います。年金をあてにする必要もないでしょう。

［成功の第四原則］で述べたように、勉強してください。

また、ともかくできるだけ汗水流して働いてください。

仕事と遊びを分けるのが正しいと考えるのは間違い。私の人生も仕事ばかりでした。

私は農家に生まれました。農業には休日がありません。晴耕雨読という言葉がありますが、晴れた日は畑を耕し、雨の日は学校にいきました。

それがくせづけされたせいか、働くのは嫌ではありません。むしろ遊んでいたり、無駄な時間があると、虚しいと感じてしまいます。

大阪府立富田林中学校の一年生のとき、学校の半分が進駐軍に占領されてしまいました。隣にあった富田林高等女学校は校舎全部を占領されて、中学校の半分のスペースに、中学校と女学校の生徒すべてが詰め込まれたのです。

窮屈な学校生活でしたが、そのおかげで占領軍の偉い人と話す機会をたびたびもつことができました。

あるとき、「仕事と遊びを分けることがアメリカ流だと聞きましたが、本当ですか」とまじめそうな指揮官に話し掛けてみたことがあります。これに対してその将校は、次のように答えました。

「それは間違いだ。アメリカでもまともな人間は『ナイン・トゥ・ファイブ・パーソン（9 to 5 person）』じゃないんだ。九時から五時まで働いて、それ以外は遊ぼうなどというのは、ろくでもない人間ばかりで、まともな人は二四時間働いているよ」

こう話してくれたのは、たしか少佐クラスの人だったと思います。

そのことを実感したのが、アメリカへよく行くようになった一九六五年以降のことです。日本のビジネスマンは、飛行機のなかではほとんど仕事をしません。しかし、欧米人のエリートは、眠っている時間以外はすべて仕事をしています。移動の飛行機のなかでも書類に目を通したり、最近はパソコンを使っている人も多いようです。

また、欧米人は長くまとまったバカンスをとるといわれていますが、バカンスのときに遊んでいるのはふつうの人たちです。そういうときでも経営者は、家族旅行をしながら、それなりに仕事をしています。

戦後の日本では労働組合の力が強くなり、「仕事は勤務時間内だけすればいい。仕事は苦痛であり、その苦痛を和らげるために余暇時間がある。それが欧米流の進んだ考え方だ」という教育が行われました。

しかし、先のアメリカ人将校の発言は、そんなことはないと否定するものだったのです。彼は先の話に続けて、「それは愚かな大衆を管理するためにエリートの考えた一つの考え方なんだ。そんなことを信じてはいけない」と言ってくれたのです。

私の人生は、小学校三年生以来、ほとんど仕事ばかりでした。小さい頃は、農業仕事の合間に学校へ行っていたようなものです。社会人になってからも、仕事とそのための勉強ばかりしてきました。しかし、この生活がけっして嫌ではありません。

良し悪しは別にして、船井総研で本当に伸びた社員は、その全員が仕事が好きで、遊ぶ時間がなく、したがって家族サービスも十分することができなかった人たちといえそうです。

人間は前向きに生きるべきもの。後ろ向きに考え始めたら、生きる目的を失ってしまう。

先に述べたように、思いを実現できる大事な方法である「原因の世界」、いわゆる超意識に入っていく一般的な方法には、生命をかけること、そしてイメージ化すること、この二つの方法があります。生命をかけるのは大変ですから、ここでは誰でもできるイメージ化について少し述べましょう。

イメージ化するためには、勉強し、前向きに生きるのがポイントです。勉強し、前向きに生きることによって、夢や希望、目標を具体的にイメージ化することができるのです。そして、イメージ化することによって、その前向きな気持ちがよりいっそう強まっていくことになります。

自分が何をしたいのか、どうなりたいのか、具体的にイメージするためには、その前提として前向きな気持ちが必要になります。先に述べたように、マイナスのイメージをもっていると、それが実現してしまうことになりますから、そういう気持ちは極力もたないようにしなければなりません。

人間というのは、そもそも前向きに生きるのが正しい存在なのです。後ろ向きの考え方をするようになった時点で、人間は生きる目的を失ってしまうものだと思います。

私は、この一月一〇日に満七一歳の誕生日を迎えてますます元気です。とはいえ、近未来にもし私がボケてしまって、人の世話にならなければならないようになったら、もう生きている意味が大半はなくなってしまうといってもいいような気がします。

八〇歳や九〇歳になっても、できればしっかり仕事をして稼ぎ、前向きに生き、人の世話にならないように生きたいと思っています。

前向きに生きている人は、表情が違います。最近の私は年齢より一〇歳くらいは若く見えると自負していますが、ときどき年相応に見えることもあります。気のもちようで外見も変わるようなので、気をつけなければいけないと思っています。

世の中が変わっても、何歳になっても、人はいつまでも前向きに生きることが一番といえそうです。

失敗は責任をとれる範囲に収め、反省するときはプラス発想を心がける。

本章では失敗について述べてきましたが、最後にビジネスマンの失敗について、私なりの意見をまとめておきます。

大事なことは、自分が責任をとれないリスクは背負わないようにすることです。

自分で責任がとれる範囲内の冒険はいくらしても構わないと思います。失敗しても大丈夫ですし、貴重な勉強のチャンスにもなります。

自分で責任がとれないことをしてしまったら、会社を潰すようなことになりかねません。倒産してしまったら、素っ裸になってしまいますから、とても反省どころでありません。再起するのも難しくなり、反省している余裕などなくなってしまいます。

先日も、ある会社の経営者から電話がかかってきて、「私の家と家財道具を買ってくれませんか。いくらでも、船井先生の言い値で構いません」と言うのです。昨年末はなんとか乗り切ったのですが、明後日までにお金を用意しないと会社が潰れてしまうということでした。

そんな急な申し出には、とても応じられません。お断りするよりありませんでした。

会社を潰してしまった人や自己破産をした人は、その後、何年か経ってクレジットカードをつくれるようになったときに本当に喜びます。信用がなくなると、いつも当然だと思うことができなくなるから大変です。

こうなると、とても反省どころではありません。だから、私のように、実験するときも、失敗したとき自分で処理できる範囲内の失敗で収めることができるように考えておいてください。

経営者には、無謀なことと冒険をはっきり分けて判断する冷静さが必要なのです。

次は、反省の仕方です。

失敗したら反省するのは誰も同じです。しかし反省は、プラス発想でしなければなりません。失敗のなかから学びとって、次にそれを活かす行為が反省ですから、それによってマイナス発想をするようではいけないのです。

「羹《あつもの》に懲りて膾《なます》を吹く」という言葉がありますが、ネガティブな考え方をして萎縮してしまうようでは、新しいことに挑戦できなくなってしまいます。

私が数々の失敗を重ねてきた経験から学んだのは、企業にとって人事が一番大切だということです。

このように、失敗を冷静に分析して、それを事業の糧や生きる糧にしていかなければなりません。

ところで、本章の最後に、とくに言っておきたいことがあります。

会社と個人は別で、会社が潰れても個人とは関係ないという考え方をする人がいますが、これは間違っています。壽屋の創業者の壽崎さんほどでなくとも、一体と考えるべきでしょう。

サラリーマン経営者に限らず、オーナー経営者のなかにも、そんな割り切った考え方をする人がいます。しかし、そう考えているうちは人間としては半人前とみていいでしょう。一人前ではありません。

会社は生命をかけて経営しなければならないものなのです。法的には、たしかに法人と個人は別ですが、そんな考え方では業績が上向きません。また、生命がけになることはできません。

会社が倒産すると、取引先、従業員、お客さんに迷惑をかけることになります。会社というのは、個人が起業して成長していくものですが、社会的な存在なのです。

人に迷惑をかけておきながら、自分だけはよくありたいとか、責任逃れをしようと考える人は、最初から失敗すべくして失敗したといってもいいようです。

成功の絶対原則

成功を確信し、イメージ化しよう！

吉田松陰の五箇条、この五つさえ実行すれば誰でも「人財」になれる。

人間は、成功のコツを知って、人よりちょっと頭がよくて、ちょっと余計に勉強して、ちょっと余計に働けば、成功することができます。

成功のコツには、人財になるコツ、天才になるコツ、優れた創造力を発揮するコツ、直感に秀でるコツ、思いを実現するコツなどがあります。［成功の絶対原則］ではこれらのコツについて、私の長年の研究の成果を紹介していきたいと思います。

まず最初は人財になるコツです。私は約一五年間、人財づくりの手法を研究してきましたが、とくに難しいことではありません。人財になるためには、吉田松陰（一八三〇～一八五九年）が言った通りのことをやるのがもっともいいようです。

吉田松陰の松下村塾は、久坂玄瑞、高杉晋作、伊藤博文、山縣有朋などをはじめ、日本の文明開化を推進した明治時代の逸材を大勢輩出しています。

しかも吉田松陰が、叔父の玉木文之進が創設した松下村塾を義理の叔父の久保五郎左衛門から引き継いだのは安政四年（一八五七年）一一月五日のことでしたから、翌安政五年（一九五八年）一二月に藩主の命によって閉鎖されるまでのわずか一年ほどのあいだに歴史に残る人財を育てたことになります。

松下村塾は、当時の萩藩の藩校だった明倫館と違って、身分による差別がなく、あらゆる階層の若者たちが集まっていたといいます。家老から下級武士、町人、果ては囚人まで、さまざまな人たちが塾生として名を連ねていました。さらに、学問のあるなしを問わずに塾生を受け入れ、入るのもやめるのも自由で、勉強時間の制限もなかったといいます。

その松陰の人材育成の考え方は、次の五つに集約されます。

① 長所伸展をして、世のため人のため、自分のために尽くす。この際できるだけ短所にはさわらない。

② 付き合う人を褒めて認めて喜ばせて、みんな好きになって、その人のために全力投球する。悪いことや欠点を指摘したり、自慢をしない。

③　自分の周辺の存在のいいところを見て、自信をもつ。
④　いいと思うことはすぐやり、悪いと思うことはすぐやめる。
⑤　プラス発想して、どんなこともうまくいくと信じる。

「船井流人づくり法」は、この松陰の考え方をベースにしています。本書をここまで読んできた人には、これらの項目が理解してもらえると思います。私が本書で説明してきた五つの成功原則に、これらは全部織り込まれています。

これらが自然にできるようになれば、その人は人財になったといえるでしょう。仕事がきちんと軌道に乗っている人は、この人財の条件を満たしているのではないかと思います。

ただし、③はちょっとわかりにくいかもしれないので説明しておきます。

「自分の周辺の存在のいいところを見て、自信をもつ」というのは、自分が恵まれているところを見るようにして自信をつけようということです。

吉田松陰は、新しく入ってくる塾生たちに、次のように聞いたといいます。

「あなたのお父さん、お母さん、兄弟、そして住んでいるところなどに、どんないいところがありますか」

先に述べたように、松下村塾では身分による差別がまったくありませんでしたから、さまざまな人が集まってきました。最初にこうやって声をかけてあげるのは、自分の出自に自信をもてということだったのでしょう。

塾生が問いかけに答えると、松陰は次のように言って塾生を励ましたそうです。

「本当にあなたは、素晴らしい人に囲まれて、素晴らしいところに住んでいるね。恵まれているね。成功できるよ。自信をもって生きてくださいね」

彼はけっして、お父さんやお母さん、そして住んでいるところの短所などは聞かなかったといいます。これは非常に大きなポイントです。

身分による差別が厳しい時代のことですし、新しく入ってくる塾生のなかには、萎縮してしまいがちな若者がいたかもしれません。しかし、松陰に自分の出自を十分に褒めてもらうことにより、自分が松下村塾の一員として認められたような気がしたに違いありません。松陰の言葉は、さぞ塾生の励みになったことでしょう。

松陰は、学問に取り組む前に、ともすればプレッシャーに押し潰されそうになる若者たちに、自信をもたせようとしたのです。人を育てる方法の神髄が、松陰のこの問いかけにはあるような気がします。

天才になるコツは、自分のやりたいことを集中的にやればいい。

次は天才になるコツです。

天才になるためには、なるべくミクロなことを集中的にたくさん見ることが必要です。これが、天才になる第一歩です。

本気になれば、三カ月もかからずに天才になることができます。

人は誰でも、天才になれる能力をもっています。しかし、肉体、感情、社会的要因により、それがなかなか発露しないのです。本来の能力を発揮できるようにするためには、それなりの努力が必要になります。

これまでは、苦労した人が育ち、成長して天才になってきました。しかし、いまや「地球の理」はどんどん衰退していますから、いずれ人は苦労しなくても育つことができ、天才になれるようになるはずです。

しかし、いまは天才になるためには、長所を伸ばすようなことを一生懸命やればいいのです。得意なこと、好きなことであれば、苦労を感じることもないはずです。

私の経験のなかから、天才がどのようにして発露するものなのか、例をあげておきましょう。

私が小売店の見方をはっきり知ったのは、一九六四年頃のことでした。

大阪の船場の商店主たちに、小売店の見方を教えてくれと頼まれ、長崎から大阪まで、三日間で三五〇〜三六〇の店をバスに乗り降りしながら見て回りました。その前に半年の準備期間を設けて、私はバスで走る道路に沿って店の名前、売場面積、売上げ、従業員数、儲かっているかどうかなどを調べておきました。

そして、船場の商店主四三人と一緒に店を訪れて、「こんにちは」と挨拶して、一店舗当たり一分半から三分間くらいずつ見て回ったのです。もちろん各店とも了解を得たうえでのことです。

長崎からスタートして、佐賀あたりまで五〇〜六〇店舗を見ると、勘のいい人は店の前に立つだけで、その店の売上げがどのくらいか、儲かっているかどうか、わかるようになりました。そして最終日の三日目には、全員がわかるようになりました。私もわかりました。

これはすなわち、集中的にたくさんの同じようなものを見れば、その道のプロになれるということです。これが天才になるコツなのです。つまり、自分の好きなこと、やりたいことを集中的にやればいいのです。

一芸に秀でて、間違いなく上手にやれることがあること、常に正しい答えが出せることが一つ以上あれば、これは天才です。

もともともっている長所を伸ばすのは簡単ですから、そこを伸ばせば天才になりやすい。つまり、長所伸展は天才になるコツということになります。何も難しいことではありません。

自分が得意なことを、必死になって、意識的にたくさん見て、集中して経験しさえすれば、誰でも天才になれるのです。そのあいだにルール化を心がければ、手法としては完全でしょう。

創造力を伸ばすには、ブレーンストーミングしてKJ法でまとめればいい。

前項で述べたように、天才になるためには、短期間に集中してミクロにものを見ていく必要があります。次は、ルール化力と創造力を発揮するコツを紹介します。これを実際のビジネスに応用して、天才の能力を磨いてください。

優れた創造力を発揮するコツとしては、ＫＪ法（文化人類学者の川喜田二郎さんが考案した創造性開発の技法）が一番てっとり早いと思います。これは、川喜田さんが学術調査のデータをまとめるために考えた方法で、さまざまな情報をカードなどに書き込み、それをグルーピングして考えをまとめる手法です。ルール化力、取りまとめ力でもあります。

たとえば、［成功の第四原則］で紹介した入社試験のテーマ、物の使い方に関するアイデアは、毎朝三〇分ずつ五～一〇人のグループでブレーンストーミングすると、一〇日もあれば誰でもどんな物の使い方についても五〇くらいのアイデアを出せるようになります。テーマはなんでも構いません。

たとえば傘の使い方であれば、ふつうに雨傘として使うのはもちろんのこと、日傘、杖、つっかえ棒に使う、ちゃんばらをする、釣り竿にする、落下傘のように使う、テントのような役割をさせる、包帯代わりにするなど、どんな使い方でも構いません。アイデアをお互いに出す練習をすればいいのです。

このトレーニングによって、創造力がとても豊かになります。

二〇〇四年一〇月九日と一〇日に高輪で第三回船井幸雄・オープンワールドを開催しますが、そのアイデアはスタッフにブレーンストーミングで出してもらおうと思っています。そして出てきた意見のなかからよさそうなものを五〇から一〇〇選び出し、それらのアイデアをKJ法でまとめようと思っています。

この最後にまとめるというところが大切なのです。

たとえば、頭をやわらかくして傘の使い方を五〇以上も考え、それをまとめるのです。まとめるときに新たな発想が出てこなければ、創造性が発揮されたとはいえません。まとめは、一つだけでなくても、複数あっても構いません。

傘で言うなら、棒としての特性を活かした使い方、布としての特性を活かした使い方といったようにまとめていきます。どんなまとめ方になるかは、リーダーになる人の腕次第です。やってみてください。

ＫＪ法のほかに、ＮＭ法（中山正和さんが考案した発想技法）という方法もあります。これは、キーワードを決めて、類似性をもつものを手掛りにして特殊な手順でアイデアを得る手法です。しかし、ＮＭ法は、訓練されていない人にはちょっと難しいかもしれません。

発想の技法はこれらのほかにもさまざま考えられていますが、これからやってみようという人はまずＫＪ法から始めてみたらいいと思います。

潜在意識に穴を開けて、顕在意識と超意識をつなげる。これが直感に秀でるコツ。

次は直感に秀でるコツですが、これは超意識を発露させる方法です。

人間には、「顕在意識」「潜在意識」「超意識」があります。

顕在意識というのは、私たちの現在の意識です。

これに対して潜在意識というのは、ふつうの人で三代前から前世までの過去世、そして今世で経験したり知ったりしたこと、その人に起こったことなどをほとんどすべてといっていいくらい知っている意識のことです。

トロント大学のジョエル・ホイットン教授は、過去世を二〜三代前までさかのぼって、そのあいだに何があったかを全部調べました。あの世の記憶まで調べました。

これは、催眠状態になると思い出すことができます。顕在意識の記憶はほんの少ししかありませんが、潜在意識には顕在意識の何十倍という記憶がたまっています。ただし、思い出せるのはたいていの人で三代前、せいぜい四代前の過去生までで、それ以前の過去世は思い出すことができないようです。

高所恐怖症や猫舌などは潜在意識のトラウマによるもので、このようなトラウマが原因による病気などは、催眠状態にしてトラウマの状態を再体験させると治すことができます。

私も何度か、トラウマの治療をしたことがあります。私は、催眠状態にするのではなく、私自身の心をブロックしておいて、その人の心のなか、潜在意識に飛び込んで治します。潜在意識のなかに飛び込むとトラウマの原因がわかるので、そこで心を開放してやるとトラウマが消えて、高所恐怖症などは瞬間に治せるものです。

次に［成功の第四原則］で触れた超意識のことを説明します。これは私たちの魂の意識のことと考えてください。

サンフランシスコの南のビッグ・サーにあるエサレン研究所の現在の責任者、ポーランド生まれのスタニスラフ・グロフ博士は、精神病患者やアルコール依存症患者、末期ガン患者の治療のために、ＬＳＤ（リゼルギン酸ジエチルアミド）という麻薬を使って人間の意識を裸にしました。

人の意識構造

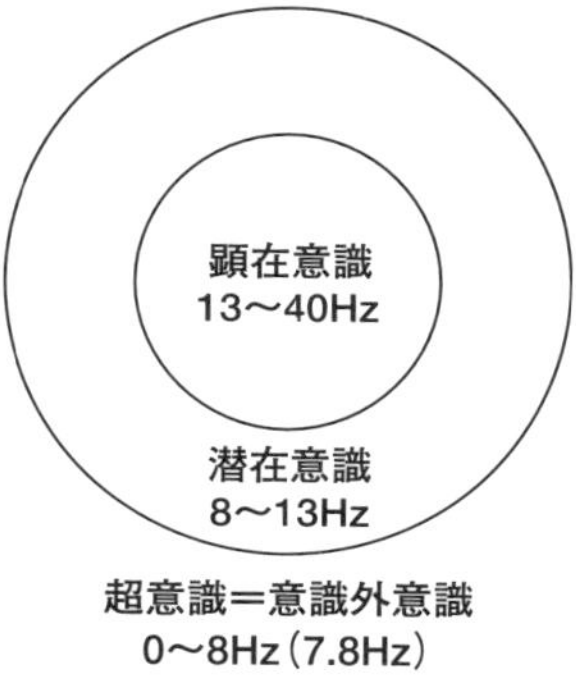

これにより、人間の魂は、ビッグバンよりもっと昔、宇宙が始まって以来のすべての記憶をもっていることがわかりました。これが、超意識です。

その後、ＬＳＤの利用が法律で禁止されたため、グロフ博士は呼吸法を利用したホロトロピック療法を開発しました。いまは、この方法で人間の魂の記憶を引き出すことができるようになっています。

人の意識構造は、図のようになっています。中心に顕在意識があって、顕在意識を囲むように潜在意識があり、そのさらに外側に超意識があります。超意識は、いわば意識外意識といってもいいかもしれません。

顕在意識と超意識のあいだに潜在意識があっ

て、超意識の発露の邪魔をしています。ここにバイパス、すなわち穴を開けると、超意識と顕在意識がつながります。これがつながると、直感力が発揮できます。この穴を開けて直感力を開発しようというのが、私の考え方です。

訓練を重ねて、私はいまでは瞬間的に超意識に入ることができるようになりました。超意識に入っていきやすい脳波は〇〜八ヘルツくらい、正確に言うと七・八ヘルツのときが一番入りやすいようです。潜在意識は八〜一三ヘルツくらい、顕在意識は一三〜四〇ヘルツくらいの脳波となります。

つまり、脳波を八ヘルツ以下にすれば、超意識に入ることができるということなのです。

これがあとで説明する「原因の世界」とおおいに関係しているのです。

意識を無にすると超意識に入れる。暗示は危険なので奨められない。

大昔は人間には潜在意識がなかったようなので、すべての人間に直感力があったと思います。潜在意識が生まれたのは、何者かが人間のＤＮＡのエゴのスイッチを入れたためだと私は思っています。いわゆる潜在意識は、人間にエゴが発生してからできたものと思われますし、「地球の理」によって生まれたもので、本来は必要ないはずのものだと私は理解しています。

潜在意識ができる前まで、人間は顕在意識とともに必要な範囲での超意識を発露できたと考えられます。潜在意識ができてから、現世に生まれてくる前の過去をすべて忘れるようになってしまったと思われるのです。

これらにつきましては、人間についての私の研究の集大成として、近々『人間』という著書を出す予定なので、それまで解説についてはお待ちください。

「地球の理」の発展とともに、潜在意識の層は厚くなってきたと思われますが、それも近未来にはなくなるだろうと私はみています。「地球の理」はもはや通用しなくなりつつあるといえるからです。本当の「宇宙の理」は、超意識の分野のルールなのです。

人間がいま直感力を得るためには、前項で説明したように、潜在意識に穴を開けなければなりません。そのためにどうしたらいいか、私は一六年前から直感力研究会を主宰して研究を続けてきました。

その結果、いくつかの方法がわかりました。一つが、直感力の源泉となる創造力、クリエイトする力をつけることです。次がイメージ化です。イメージ化すると、顕在意識から超意識にダイレクトに入ることができます。そしてもう一つが、生命をかけることです。

さらに、意識を無にすると、超意識にポンと入ることができます。

人間の脳には第三脳室というところがありますが、MRA（共鳴磁場分析器）やLFT（ライフ・フィールド・テスター）などの波動測定器でそこの数値を測って、プラス一五以上になっていたら直感力がついているといっていいようです。プラス一〇くらいでもまあまあのようです（MRAやLFTはプラス二〇から二一が最高点です）。

ちなみに、私はふつうの状態でプラス一六〜一七で、意識したらすぐプラス二〇になります。ふつうの人でも、意識しない状態でプラス一〇以上になったら、自分の専門分野のことは一〇〇パーセントわかるようになるでしょう。プラス一五以上になれば、集中すると人のこともほとんどわかります。意識すれば、他人が何を考えているか、たいていわかります。

このように、脳の一部の能力を上げることが直感力に秀でるコツなのです。

超意識に入っていくためには、場も重要な要素です。いい場にいると、すぐに超意識に飛び込むことができます。

私は自分の脳の波動をコントロールできるようになりましたが、ふつうの人が超意識に入るには、本書で何度も述べたように、イメージ化すること、そして生命をかけることが簡単なようです。

ほかに、暗示を使って誘導する方法があります。たとえば、右脳開発もその方法の一つです。しかし、暗示では脳波が潜在意識と共鳴しやすいので、おかしな存在に憑依されたりすることがあります。ふつうの霊能者が使うのはこの方法ですが、注意しないととんでもないことになる危険があります。あまりお奨めできません。

この世で起きることは、「原因の世界」の意識の反映なのです。

人間の意識について研究しているうち、世の中の構造がわかってきました（二二五ページ参照）。この経緯については、拙著『必ずこれからこうなる　だからこう対処しよう』（二〇〇四年三月、徳間書店刊）に詳しく書きましたので参考にしてください。本書では、その結論だけを紹介しておきます。ただし、これはあくまでも私の現在の仮説です。

いま、人間は死ぬと、幽界を経由して霊界にいきます。私たちがいるこの世は、三次元の世界で、幽界が四次元の世界、霊界は五次元の世界と一応考えてください。

死んで成仏できない魂は霊界に入ることができず、幽界にとどまることになります。そして、この世に未練を残していて強いマイナス発想をしている場合は地獄界にいきます。

幽界には、地獄界のほかに信念界や魔界などがあります。

信念界というのは、この世で何かやり残したことがあると思っている人がいくところです。最近では、一九一四年に四〇歳で亡くなったドイツ人の医師のドクター・フィリッツが次々にふつうの人に憑依して外科治療したことが知られています。いまもブラジルで続けています。この医師の意識は、信念界にとどまっていることがわかっています。

超能力者の清田益章君は私の友人ですが、いまではスプーンをこすることなく彼の想念で折ることができます。これはたぶん、信念界並みの力によるものだと考えられます。

魔界は、嫉妬心のかたまりのような世界です。

『古事記』に、イザナギが妻のイザナミが死んだので、黄泉の国に会いにいったという話があります。しかし、イザナギは待ちきれずに完全に生き返っていないイザナミの醜い姿を見てしまい、怖くなって逃げだしました。このとき出てくる黄泉の国、そして浦島太郎の竜宮も一種の黄泉の国で、これは魔界のようなものです。

この魔界や信念界、そして地獄界にとどまっている存在が、現界の人間の潜在意識に憑依します。いわゆる狐憑きとか金縛りは、ここの意識の存在による現象が多いのです。地縛霊というのも、地獄界の存在によるものです。

そして、先に述べた顕在意識を代表する世界がこの世、すなわち現界で、潜在意識が幽

世の中の構造

	モンロー研究所 フォーカス番号	次 元	意識レベル 脳 波	表の世界						裏の世界
あの世	36〜49			真の原因の世界＝本質界＝神界＝肉体不要						
	35	人間の本質の所在						人間界	肉体をもっている	仙界 / 肉体をもっている
	28〜34	5次元	超意識 意識外意識 0〜8Hz	原因の世界	霊界					
	27	生まれ変わりポイント								
	23〜26	4次元	潜在意識 8〜13Hz		幽界	信念界 地獄界	魔界			
	22	3〜4次元境界								
この世	1〜21	3次元	顕在意識 13〜40Hz	結果の世界	現界					

界、超意識が霊界と考えても、そんなに間違いではありません。私たちの魂は、目覚めているときはこの世のなかにいますが、眠っているときなど、この世とあの世をいったりきたりしているのです。

図のフォーカス番号というのは、体外離脱の研究をしているモンロー研究所が、あの世とこの世をレベルで分類した番号です。数値が大きくなればなるほど意識レベルが高くなると考えていただけばいいと思います。

先に、人生は生まれてきたとき九〇パーセント以上決まっていると述べましたが、現界は「結果の世界」であり、「結果の世界」のことは「原因の世界」すなわち霊界の意識が反映して起こることも、はっきりわかってきました。「原因の世界」へ意識的にいくことができると、決められていることを変化させることもできるのです。

前項で、暗示などで潜在意識のレベルに入ると憑依される危険があると述べましたが、それはここで説明した世の中の構造からわかるように、幽界レベルの存在と共鳴することになるからなのです。

できたら信念界や魔界、地獄界など、幽界の存在とはあまり付き合わないほうがいいと思います。

「原因の世界」に意識が入るようになると、思いを実現できます。

「原因の世界」に意識が入っていくようになると、思いを実現することができます。また直感力もつくようになります。

もっとも確実な方法は、これまで何度も述べたように、成功を確信し、イメージ化して実行することです。これによって「原因の世界」に入ることができます。

また、次のような方法もあります。

① 右脳開発。

② メディテーション。

③ 無になる。

④　全身の力を抜いて「ぐにゃぐにゃ」になる。

メディテーションや暗示などで右脳開発する方法は、前項で述べたように幽界レベルの存在と共鳴しますから、憑依の危険があります。意識が幽界レベルと共鳴すると、魔界や信念界や地獄界などの意識にとりつかれる危険が高くなります。

無になるためには、先に述べたように波動レベルを上げてやらなければなりませんが、これはふつうの人にはなかなか難しいことでしょう。誰もができる方法ではありません。よほどの鍛錬が必要になります。

気の達人は、一瞬にして体を「ぐにゃぐにゃ」にすることができます。これにより「原因の世界」に入るのです。

「原因の世界」に入る方法はさまざまありますが、そう簡単ではありません。

また「原因の世界」、すなわち霊界には善しかありませんから、悪いことは実現しません。善だけしか考えていない人でなければ、霊界には到達できないのです。

しかし幽界では、悪いことでも実現します。この幽界と霊界の区別は、エゴがあるかないかといえそうです。

イメージ化は具体的に。人が納得しないことはイメージ化しないようにする。

思いを実現するためには前項で述べたようにさまざまな方法がありますが、ふつうの人が一番やりやすいのは、成功を確信し、その実現をイメージ化して実行することです。

イメージ化するということは、超意識のレベル、「原因の世界」に入るということです。イメージ化するにあたっては、できるだけありありと、具体的に思い描くようにしなければなりません。

たとえば、「会社を大きくしよう」と考えるだけでは駄目です。従業員は何人、売上げはいくら、どんな事業が伸びているか、さらに周囲の人間からどのように尊敬されているかまでイメージ化するようにします。

「この学校に入学したい」と思ったら、合格発表で自分が喜んでいるところ、あるいはその学校の教室で自分が勉強しているところまでイメージ化すればいいのです。

ただし、相手がいる場合には気をつけなければならないことがあります。

たとえば、「会社を大きくしよう」とイメージ化する場合には、誰をどこの部署に配置してということまでイメージ化しますが、相手が納得していないことをイメージ化してはいけません。

その人が望まないようなこと、その人のためにならないことはイメージ化すべきではありません。それはやってはいけないことなのです。

たとえば、女性社員の誰かを数年後に役員にするというイメージ化は、その女性がそれを納得している場合にのみ許されます。その女性が「いずれ結婚して専業主婦になりたい」と考えているような場合は、勝手にイメージ化してはいけません。

私は想念力が強いので、あまり強くイメージ化すると、他人に影響を与えてしまいますから、他人に関係することは、極力イメージ化しないようにしています。他人の思いに干渉しないのが「宇宙の理」というか自然の摂理だからです。

イメージ化にあたっては、経営者や上司の人は、自分だけでなく、社員一人ひとりに夢や希望、そして具体的な目標を伝えてイメージをつくらせていくようにすればいいでしょう。社員各自がはっきりしたイメージをもてるように勉強させるといいのです。

先に紹介した「船井幸雄ドット・コム」を日向るみ子さんが立ち上げたのは二〇〇四年の一月一日ですが、最初のうちはどうもイメージができていないような気がしました。しかし一生懸命悩んでくれた甲斐があって、最近は素晴らしいものになっています。

彼女に聞いてみたら、これからどんなものにしていくか、はっきりしたビジョンが見えてきているようです。

ホームページひとつとっても、イメージ化ができていないと、発信者の言いたいことが伝わらないのです。

正しいことをイメージ化しよう。必要以上の成功を求めても必ず失敗する。

私は長年、コンサルティングのプロとして仕事をしてきましたから、一つの会社の経営の正しい方向性は、話を聞いたとたんにわかります。

しかし、私がわかっただけではコンサルティングにはなりません。また、こちらがイメージ化したことを押し付けるだけでも、コンサルティングにはなりません。

相手の経営者にわかってもらうようにするために、さまざまなデータを集めて、あの手この手で納得してもらいます。成功している企業などのさまざまな具体的な成功事例を見てもらうのも、納得してもらうためです。

成功している企業を見てもらい、イメージ化してもらって、社長以下、幹部がこのようにやれば間違いないと確信できないうちは、コンサルティングには入りません。

これは、なかなか難しいことなのです。

素晴らしい方法論や具体的な目標を提示しても、それを実際に行う企業側の人が、それによる成功を確信してイメージ化できなければ、成功は確実なものにはなりません。経営コンサルタントの仕事は、相手先企業のトップ以下にイメージ化できるようアドバイスすることなのです。

たとえば、牧場の経営者がコンサルティングの依頼にきたら、サイボク（埼玉種畜牧場）を見学するようアドバイスします。サイボクの笹崎龍雄会長には、「いま私がコンサルティングしている方なので、この人がわかるまで教えてください」とお願いしておきます。

養鶏場であれば、群馬県沼田市の子持自然恵農場の生方彰社長に一言お願いしておくと、見学者が理解し、納得するまで教えてくれます。このほうが早いのです。

理想のシステムを自分の目で見て、きちんと教えてもらって、自分でやってみて納得したら、必ず成功するものです。

私のコンサルティングは、私が成功をイメージ化したことを、顧問先の幹部に納得してイメージ化してもらうことを続けてきたので失敗しなかったのです。

[成功の第四原則] で南紀白浜のとれとれ市場の話を紹介しましたが、堅田漁業共同組合

長は、小樽に行ってイメージ化できたから、決断し成功したのです。

経営者であれば、売上げをどこまで伸ばすとか、株式公開を目指すとか、誰もがなんらかの成功の目標をもって社員をまとめていると思います。これがイメージ化まで到達していれば、たいていは実現することができます。

ダイエーの中内㓛さんは、売上げを日本一にしたい、大きな家をつくりたい、経団連の役職が欲しいといつも言っていましたが、言っていたからこそすべて実現したのです。しかし、いま会社が破綻寸前にまでなってしまったのは、ちょっと自分勝手すぎたためではないかと思います。

松下幸之助さんは、人は本当に必要なものしかもつべきではないと言いましたが、これは正しいように思います。人間は、各自が生きていくのに必要以上の物やお金はもたないほうがよいように思います。

私の若い友人の浅見帆帆子さんはよく、「いい思いをもっていなければいけない。悪い思いでも実現しないことはないけれども、それは長くは続かない」と言っていますが、これはまさに真実なのです。

よい思いをもって、よい経営をし、成功してください。

あとがき

私は長年、経営コンサルタントを業としてきました。当然、多くの成功例や失敗例を見てきました。それだけでなく、経営者という実務家として、船井総研とそのグループ会社の経営にもあたってきました。

それらを通じて、どうすれば経営に成功するかを一生懸命に研究してきたのですが、七〇歳にしてようやくそのポイントを知ったようです。おかげでたぶんこれからは、経営コンサルタントとしても、経営者としても失敗はしないだろうと思います。

その理由は「世の中の構造」と「大切な世の中のルール」を、最近になってほぼ完全に知ったからです。

いつ知ったか――。去年（二〇〇三年）のはじめです。すでに七〇歳でした。

二〇〇三年二月の直感力研究会（船井総研主催ですが、私が主宰している研究会で、一九八七年から偶数月に開催してきました）で、具体的にはじめてその内容を発表しました。

その内容は、二〇〇三年八月にビジネス社より発刊した拙著『この世の役割は「人間塾」』

にまとめました。「原因の世界」と「結果の世界」のことを説明してあります。

それを具体的に活用する手法を、私の結論に照らし、実践書としてご活用いただこうとペンを執ったのが本書なのです。ともかく本書は実践書です。

人間として正しいことを実現させる計画を立て、その実現した姿をできるだけ勉強して確信し、成功したことを具体的にイメージ化するのが、誰でもできる「原因の世界」への入り方です。いわゆる成功のコツです。

ほかにも「原因の世界」への入り方はありますが、誰でもできる方法として、とりあえずこの方法をまず覚えて実行して欲しいというのが、本書の主目的なのです。実に効果があります。すぐ実践してみてください。

私は、本書とあわせて同時並行で、もう一冊の著書の原稿を書きました。徳間書店から二〇〇四年三月に出る予定の『必ずこれからこうなる　だからこう対処しよう』です。できれば同書も本書とあわせてお読みいただきたいと思います。同書は、本書とまったく違った視点からとらえて書いたものです。

いまは、目先さえはっきりしない時代です。資本主義は断末魔の様相を呈しています。地球レベルでみると、エネルギーと水と食糧が近々に枯渇しそうですし、砂漠化が進み、海面上昇が速くなっています。

私たち人類はいま、大変なときを迎えているのです。どう対処すればいいのか——とりあえず各自が成功して欲しいのです。本書にそのための手法を書きました。

また、成功するとともに勉強して欲しいのです。そして、各自の長所を伸ばし活用して、自分のため、人のため、世の中のために全力を尽くして欲しいのです。「夢」と「希望」と「前向きな具体的な目標」をもって生きるのが、人間にとってもっとも大事なことです。それらももって欲しいのです。

本書が読者のみなさまに「成功」と「素晴らしい前向きの具体的な目標」をもたらすことを期待し、本書の「あとがき」といたします。

なお、本書の原稿執筆にあたり、事実確認や資料整理のため、私の友人の櫻庭雅文さんと彼の経営する株式会社エディックスのスタッフの皆さんに、いろいろと手伝っていただきました。紙面を借りて、そのことを読者に報告するとともに彼らに深く礼をいいます。

二〇〇四年三月一日

熱海市西山の自宅書斎で

船井幸雄

最後にとくに言っておきたいこと

きょう（2004年3月12日）、本書の再校を終わりました。

最後にひと言だけ付け足します。私は経営のプロです。どうすればよいかほとんど直感でわかります。プロでない人も、コンピュータ・シミュレーションを使えば、ほぼわかります。

たとえば、日本経済はどうすれば復活するか……ですが、「今年から5年間、毎年、公共投資を35兆円くらい増やし続けるのです。そして、法人税の減税を25兆円くらい、これも5年間やり続けます」……これが日本経済復活のシナリオです。このコンピュータ・シミュレーションは、日本経済新聞社をはじめ、何人かのノーベル経済学賞受賞者のあいだで、すでに終わっています。みんな同じ答えが出ています。このことは、知る人は知っています。

5年後、日本の実質GDPは28パーセント伸びます。名目GDPは43パーセント伸びます。民間設備投資は2.5倍に、法人利益は3.0倍に、失業率は2.1パーセントに、インフレ率は2.6パーセントになり、これでデフレから脱却できます。

これは、2～3年前からはっきりわかっていることです。しかし、政治家も官僚も多くのエコノミストも取り上げようとはしないのです。「資本主義は復活しないようだ」「いや崩壊するだろう」と私が予測した大きな理由です。

船井流経営法からみても、私の直感からいっても、この方法なら、日本経済は資本主義的に完全に復活します。知っておいてください。

以上、本書の最後に、経営のプロからみた「正しい情報」として付言します。

船井幸雄

[著者]

船井幸雄（ふない・ゆきお）

1933年大阪府生まれ。1956年京都大学農学部農林経済学科卒業。産業心理研究所研究員、日本マネジメント協会経営指導部長、理事を経て、1970年（株）日本マーケティングセンターを設立。1985年3月社名を（株）船井総合研究所に変更。1988年株式上場。"経営指導の神様"と呼ばれ、コンサルティングの第一線で活躍するとともに、社長、会長を歴任。同社を約300人の経営専門家を擁する日本最大級の経営コンサルタント会社に成長させた。2003年3月名誉会長に就任。2003年4月（株）本物研究所を設立。現在、グループ30余社の総帥。
近著に『必ずこれからこうなる　だからこう対処しよう』（徳間書店）、『イヤシロチ』（評言社）、『上手に生きるルールとコツ』（グラフ社）、『超資本主義　百匹目の猿』（アスコム）、『この世の役割は「人間塾」』（ビジネス社）、共著に『あしたの世界』（明窓出版）、『ちょっと話してみました』（グラフ社）他多数。

船井幸雄の「成功塾」――仕事と人生がうまくいく、わずか6つの成功原則

2004年 4月8日　第1刷発行

著　者――船井幸雄
発行所――ダイヤモンド社
〒150-8409　東京都渋谷区神宮前6-12-17
http://www.diamond.co.jp/
電話／03･5778･7232（編集）　03･5778･7240（販売）
装丁――――清水良洋
編集協力――(株)エディックス
口絵写真――藤澤利之
製作進行――ダイヤモンド・グラフィック社
印刷――――八光印刷（本文）・新藤（カバー）
製本――――石毛製本所
編集担当――小川敦行

ISBN 4-478-70303-5